介護オンブズマンがまとめた

特別養護老人ホームの
重要事項説明書

監修　**三木 秀夫** Hideo Miki

編著　**特定非営利活動法人
介護保険市民オンブズマン機構大阪**

クリエイツかもがわ
CREATES KAMOGAWA

はじめに

　介護保険制度がスタートして20年が経過しました。介護が必要な高齢者が急速に増えるなか、介護保険制度も今やしっかりと社会に定着し、多くの要介護高齢者がサービスを利用しています。

　しかし、いまだに「実際に利用してみないと、事業者やサービスの質の善し悪しがわからない」ということが少なくありません。特に施設サービスの場合、居宅サービスと違って「住み替え」が伴うだけに、簡単には事業者を変えにくいものです。なかでも全国に9,000以上の施設があり、57万人が暮らす我が国最大の介護施設である特別養護老人ホーム（以下「特養」）に入居する人々は、要介護度も「3以上」と重く意思疎通も難しいことが多いだけに、いったん入居すれば好むと好まざるとにかかわらず、最期までそこで暮らす場合がほとんどでしょう。

　しかし、ひと口に特養といっても、施設によって介護の質や対応力はさまざまです。入居してから後悔しないためにも、施設を決定する前に、まずは見学したり質問したりしながら、事前に知識と情報を得ておきたいものです。

　介護保険市民オンブズマン機構大阪（O－ネット）では、2000年から特養などの介護施設で介護オンブズマン活動を展開してきました。オンブズマンというと、いかめしいイメージがありますが、もともとはスウェーデン語で「代理人」や「代弁者」という意味です。そうしたことから、私たちは「告発型ではなく橋渡し役」を基本スタイルに活動してきました。大阪を中心に、これまでに活動した特養は延べ88か所に上っています。

　長年の活動を通して、「施設を選ぶ前にぜひ、目を通しておきたい」「施設を利用する前に知っておきたい」「入居後も手元において、気になることがあれば確認したい」と、オンブズマンたちが感じてきたのが、施設の『重要事項説明書』（以下、「重説」）をしっかり読む、ということです。

　「重説」は、施設の概要、職員の配置状況、サービス内容と利用料金、協力医療機関や退居の要件、苦情相談の窓口などが記された書類です。施設の全体像を把握するために欠かせない情報も多数盛り込まれています。入居契約前には、施設の担当者から「重説」の配付と口頭での説明が利用者や家族に行われます。しかし、利用する側にとっては「堅苦しく、難しそうな文書」と感じられるため、ほとんど読まれていないのが現状です。一方で、市民の立場からみると、現在、多くの施設で作成されている「重説」には課題も多々感じられます。

　そこで本書では、「重説」について知っておきたいことを解説するとともに、利用する側にとって、わかりやすいものにするにはどうすればよいか、「重説」のモデル案を含め、市民の立場からの提案も盛り込みました。利用者・施設・行政など、立場の異なるさまざまな方に読んでいただくことを通して「利用者サイドにやさしい「重説」」について考える契機となれば幸いです。

　2020年2月

特定非営利活動法人
介護保険市民オンブズマン機構大阪

CONTENTS

Part **1**

重要事項説明書の
内容を理解する

重要事項説明書って、なに？
この文書の役割とは…

契約書の内容をわかりやすく伝えるための文書

　日本の社会福祉制度は、長年、行政（国や自治体）が、福祉による援助が必要な人々に「措置」という行政処分を行う方法で主に進められてきました。

　しかし、20世紀末に社会福祉のあり方を全般的に見直す「社会福祉の基礎構造改革」が進められ、福祉を必要とする人自らが「福祉サービス」を選択し、サービスを提供する事業者との間で契約を結んで利用を始めることが基本となりました（注1）。それまでの措置制度を大きく転換するシステムであり、「措置から契約へ」というキャッチフレーズが世間を賑わせていたことをご存知の方も少なくないでしょう。

　この改革に基づき2000年にスタートした介護保険制度では、介護サービスの利用にあたって、事業者と利用者の間で「契約」を結ぶことが基本となりました（注2）。

　「施設サービス」の一つである介護老人福祉施設、いわゆる特別養護老人ホーム（以下「特養」）についても、個々の利用者は施設と契約を結ぶことによって、施設で

図表1-1　特養入居までの流れ

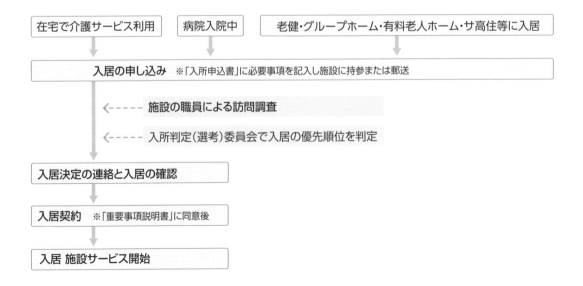

の暮らしが始まり、介護サービスを利用できるようになったのです。

　契約にあたっては、図表1-1のように、まずは施設から「入居契約書」（以下「契約書」）とともに利用者に「重要事項説明書」（以下「重説」）が渡され、その内容について施設の担当者が口頭で説明を行います。利用する側が同意した後、契約締結へと進みます。

　契約書はトラブルを防ぐため、入退居に関わる「取り決め」を示した文書であり、そこには契約の目的、提供するサービス内容、利用料金の支払い規定、サービス提供期間、利用者・事業者双方の義務など、「要（かなめ）」となる事柄が記されています。

　それに対して「重説」は、契約書の内容をわかりやすく伝えるための文書です。契約書の内容を詳しく具体的に説明し、施設の概要・職員の職種や人数・苦情相談窓口など、契約書には盛り込まれていない事柄

も記載されているのが「重説」です。

　このように、書類が契約書と「重説」に分けられているのは、次の理由からです。

①契約書にすべてのことを記載すると、内容が膨大になってしまうため、トラブル防止に関わる「要」の部分がわかりにくくなる。
②介護サービスを利用する側には、十分な知識や情報がなかったり、意思能力にハンディを抱えていたりする場合も多い。契約内容を十分に理解してもらうためにも、また利用者保護の観点からも、重要な部分をわかりやすく丁寧に説明する必要がある。そのために契約書とは別に「重説」を作成する。

　どちらも重要な書類であることはもちろんですが、施設で生活するうえで知っておきたい事柄が網羅されているのが「重説」

図表1-2　**契約書と重要事項説明書の違い**

契約書		重要事項説明書	
事業者（施設）と契約者（利用者）との間で、入退居に関わる「要」となる事柄の取り決めを定めた文書		契約書の内容をわかりやすく伝えるための文書	
目　的	事業者名・契約者名や契約日を明記し、相互の権利と義務を認識させる	目　的	事業者の基本情報および介護サービスの内容、利用の際の条件などを、契約者にわかりやすく説明する
掲載内容	契約の目的、介護保険の基準サービスと基準外のサービス、利用料金の支払い、事業者・契約者の義務、損害賠償、契約終了の要件など	掲載内容	施設の概要、居室・設備の概要、職員体制、介護サービスの具体的内容、利用料金の具体的内容、協力医療機関、苦情相談窓口、事業者・契約者の義務、損害賠償、契約終了の要件など

と言えるでしょう。

（注1）社会福祉法第1条、75〜88条等
（注2）厳密には、介護保険法には当事者契約に関する規定
はなく、契約書の取り交わしについての法的義務にも言及
されていません。しかし、介護サービスの具体的な内容を
規定する省令には、介護事業者の説明義務および当事者間
で取り決めるべき事項が明記されており、事実上、契約書
を取り交わすことを想定していると解釈されます。
（久保田治助・久保田富也『介護保険制度における保険契約
と福祉契約』2005年）

「重要事項説明書による事前説明」は指定基準に明記されている

　少し堅苦しい話になりますが、特養の介護サービスの具体的な内容については、厚生省令第39号「指定介護老人福祉施設の人員、設備及び運営に関する基準」で規定されています。

　この省令は一般に「指定基準」と呼ばれているものです。配置すべき職種と人数、居室の広さなど、特養を運営するうえで守るべき最低限の事柄がここに明記されています。

　指定基準では、施設の運営に関して「『運営規程』を定めておかなければならない」としています（第23条）。そして、その運営規程に盛り込むべき項目として、以下の内容を挙げています。

　①施設の目的及び運営の方針
　②従業者の職種・員数及び職務の内容
　③入所定員

　④サービス内容及び利用料、その他の費用
　⑤利用にあたっての留意事項
　⑥非常災害対策
　⑦その他運営に関する重要事項

　また第4条では、サービスの提供開始にあたって、あらかじめ申込者またはその家族に対し、「運営規程の概要、従業者の勤務の体制その他の入所申込者のサービスの選択に資する（注3）と認められる重要事項を記した文書」を交付して説明を行い、同意を得なければならない、としています。「重説」の「事前説明と同意」の根拠はここにあるのです。

（注3）資するとは、役立つという意味です。

パンフレットより詳しい内容「施設選び」にも役立つ

　施設のパンフレットはカラー印刷で、建物の外観や居室の写真などが掲載されています。しかしイメージだけであまり具体的な内容は盛り込まれていないものが少なくありません。

　それに対して「重説」は、大半がモノクロ印刷で写真もなく、文字ばかりの一見堅苦しそうな文書です。ある程度の介護施設について知識がないと、少しとっつきにくい感じがするのは否めないでしょう。

　しかし、パンフレットには盛り込まれて

いなかったり、見学では説明のなかったことなどについても書かれていたりします。

「重説」の文中に施設介護の専門用語はそれほど多くありません。施設見学などを通して特養の暮らしについて、施設関係者に話を聴いたり実際に見てみたり…といった事前準備があれば、ある程度、文中に記されている内容をイメージすることは可能でしょう。

「重説」の記載項目は各施設で共通しているものが多々あります。そのため入居開始に際してだけでなく、入居の前段階の「施設選び」の際にも参考資料として活用できます。複数の施設をまずは見学し、そのとき「重説」をもらって、それらを比較検討するのです。しっかり目を通すことによって、入居を検討している施設の全体像が把握でき、入居する人の意向に沿った施設を絞り込む際に役立ちます。

また、入居後も「重説」が手元にあれば便利です。サービス内容や料金の確認などに役立ちます。疑問点があれば「重説」をもとに調べたり、施設に尋ねたりするとよいでしょう。

情報提供に必要な文書だけに、「わかりやすさ」に工夫も必要

介護保険制度のもと、利用者は施設入居に際して、形の上では多様な施設介護サービスのなかから選択できるようになりました。一方で施設には、利用者に必要な情報を提供することが求められています。そうしたなかにあって「重説」は、利用者の「サービスの選択に資すると認められる」文書としての役割も担っているのです。

とはいえ「重説」には課題もあります。施設に入居する当事者やその家族など（以下「利用者サイド」）が施設の情報を得やすくする工夫も求められます。現状では、利用者サイドの理解の有無にかかわらず、契約前の「儀式」として形式的に説明と同意が行われていることも少なくないからです。

入居後、「こんなところとは思わなかった」「そんなこと知らなかった」とならないためにも、「重説」の構成・用語など利用者サイドとして知っておきたい事柄について、まずは押さえておきましょう。

重要事項説明書には、どこに何が書かれているの？

Chap 2

まずは重要事項説明書の見方を知ろう

「重説」は記載事項も多く、文字ばかりのため、どうしても難しく感じてしまいます。しかし、各施設の「重説」に記載されている項目には共通のものも多いので、「重説」の見方を知っておけば、調べたい項目を探すのも容易になります。

ここでは、多くの施設が参考にしている全国社会福祉施設経営者協議会が作成した「モデル重要事項説明書」（2005年10月改定版）をもとに作成したアレンジ版 (注1)

で、掲載項目とその内容についてお伝えしましょう (注2)。

(注1)「モデル重要事項説明書」では、入居する高齢者を「契約者」と表記しています。また、同モデルでは「身体拘束」について、「重要事項説明書付属文書」のなかで述べられていますが、現在では「身体拘束」「虐待」防止に関する項目は「重説」本文に記載している施設が多いため、本章では本文で記載しました。「配置職員の職種」も、同モデルでは付属文書に記載されていますが、同様の理由により、「職員の配置状況」に関連して記載しています。その他、読者がイメージしやすいように、具体的な数字等を記載したり、若干表現や記載内容を変更したりしている箇所もあります。

(注2)

記載項目の概要説明です	
留意したい事柄です	

「表記について」

多くの施設の「重説」では、施設に入居することを「入所」、施設に入居する高齢者を「入所者」としています。そのため、この章で掲載するアレンジ版でも「入所」「入所者」を使用しています。

しかし「入所」には定められた"所"に入るといった行政措置的な意味合いがあります。特養に入ることが「選んで契約して」といった主体的なものになったこと、「暮らしを営むところ」であることから、介護保険市民オンブズマン機構大阪（O−ネット）では、「入所」ではなく「入居」を使用しています。また「施設サービスを利用する人」という意味で、「入所者」ではなく「利用者」としています。

本書でも、**O−ネットによる記述には「入居」「利用者」と記載**しています。

重要事項説明書は、おおよそ15〜20ページの文書です。そこにはどういった内容が記載されているのか、概要を知っておくと、文書の全体像を把握するのも容易になります。重要事項説明書に盛り込まれているのは主に次のような事柄です。

1	施設経営法人	施設の経営母体となる法人の基本情報が記されています。
2	利用施設	介護サービスを提供する施設の基本情報が記されています。
3	居室等の概要	居室や浴室など、必置が義務付けられている設備や数について記載されています。
4	職員の配置状況	職種別の人数と勤務時間が記されています。介護職員は何名いるのか、夜間の配置人数は何名かなどを把握することができます。
5	提供するサービスと利用料金	食事・入浴など施設が提供するサービス内容と、利用に際しての料金がわかる大切な項目です。協力医療機関も小項目で記されていることがあるので注意しましょう。
6	施設を退居する場合	施設を退居する場合の要件について述べられています。有料老人ホームなど他の介護施設に比べ、特養の退居要件は緩やかですが、「契約」にも関係するだけに目を通しておくことが必要です。
7	残置物引取人	退居時に利用者の持物を引取る人を決めておくよう記されています。施設によっては「身元引受人」としているところもあります。
8	苦情の受付	施設内や公的に設置されている苦情受付機関について記載されています。入居後、相談したいことが出てくる場合もあるので留意しておきましょう。
9	身体拘束等の禁止	利用者の行動を制限する行為は行わないことが書かれています。
10	虐待の防止	利用者に対する虐待の防止に取り組んでいることやその内容、取り組みの責任者を決めていることなどが記されています。
11	署名	重要事項説明書をもとに口頭で説明を受けたこと、サービス開始に同意したことについて、署名・押印するところです。
12	付属文書	「ケアプランの流れ」、記録の保管期間や守秘義務といった「施設の義務」、「施設利用の留意事項」、「損害賠償」など、施設生活に欠かせない大事なことが書かれています。「事故発生時の対応」「非常災害時の対策」を付属文書に記載しているところもあります。

◥ どんな施設なのか、法人・施設の概要は？

Q 経営母体となる法人、および実際に介護サービスを提供する施設の基本情報が記されています。

1　施設経営法人

（1）法人名　　　　　　社会福祉法人　快娯会

（2）法人所在地　　　　○○県△△市◇◇町３丁目２番34号

（3）電話番号　　　　　○○○○―○○―○○○○

（4）代表者名　　　　　理事長　浪速　太郎

（5）設立年月日　　　　平成●年10月１日

2　利用施設

（1）施設の種類　　　　指定介護老人福祉施設　　平成○年11月１日指定

　　　　　　　　　　　介護保険事業者番号　　　○○県指定　3000000000号

（2）施設の目的　　　　介護保険法令の趣旨に従い、施設サービス計画に基づいて、入

　　　　　　　　　　　浴・排泄・食事等の介護、相談及び援助等を行い、入所者がそ

　　　　　　　　　　　の能力に応じて自立した日常生活を営めるよう努めます

（3）施設の名称　　　　特別養護老人ホーム　平和苑

（4）施設の所在地　　　○○県△△市◇◇町５丁目３番２号

（5）電話番号　　　　　△△△△―△△―△△△△

（6）施設長名　　　　　中道　護

（7）当施設の運営方針　入所者の意思・人権を尊重し、家庭的な生活環境づくりに努め

　　　　　　　　　　　適切な介護サービスを提供します

（8）開設年月　　　　　平成●年11月１日

（9）入所定員　　　　　100人

！「施設の目的」は、どこの特養もほぼ同じ文言です。違いがわかるのは「運営方針」で、具体的に書かれていると、その施設の介護に対する取り組み姿勢がわかります

▚ 居室など施設の設備は？

Q

設置が義務付けられている設備を記しています。

3　居室等の概要

当施設では以下の居室、設備をご用意しています。入居される居室は原則として4人部屋ですが、個室など他の種類の居室へ入居を希望される場合は、その旨お申し出ください（ただし入所者の心身の状況や居室の空き状況により、ご希望に添えない場合もあります）。

居室・設備の種類	室　数	備　考
1　人　部　屋	2室	
2　人　部　屋	1室	
3　人　部　屋	1室	
4　人　部　屋	26室	
居　室　合　計	30室	

備考欄には1人当たりの面積やチェストなどの付属設備を記載しているところもあります

食　　　　堂	1室	
機　能　訓　練　室	1室	歩行器、歩行補助平行棒等
浴　　　　室	1室	一般浴、機械浴、特殊浴槽2台
医　　務　　室	1室	

※居室の変更：入所者から居室の変更希望の申し出があった場合は、居室の空き状況により施設でその可否を決定します。又、入所者の心身の状況等により居室の変更をお願いする場合があります。

◤ 職員体制はどうなっているのか

Q 職種別の人数と勤務時間が記されています。介護職員は何名いるのか、夜間の配置人数は何名か、看護職員の勤務時間はどうなっているのか、などを把握することができます。

4 職員の配置状況

当施設では、以下の職種の職員を配置しています。

職　種	常勤換算	指定基準
1．施設長（管理者）	1名	1名
2．介護職員	43名	31名
3．生活相談員	3名	2名
4．看護職員	4名	3名
5．機能訓練指導員	1名	1名
6．介護支援専門員	2名	2名
7．医師	2名	必要数
8．栄養士	1名	1名

！ 指定基準とは、省令で定められた「指定介護老人福祉施設の人員、施設及び運営に関する基準」のことです。ここで、特養で配置すべき職種や、入居定員に応じた各職種の最低限の人数が示されています

！ 介護・看護職員数によって職員配置の手厚さがわかります

※常勤換算：職員の1週間の総勤務時間数を常勤職員の所定勤務時間数（例：週40時間）で除した数です。週8時間勤務の介護職員が5名いる場合、常勤換算では、1名（8時間×5名÷40時間＝1名）となります。

！ 説明文にも目を通し、常勤換算についても知っておきましょう

- •「施設職員」と言っても、さまざまな職種の人が働いていることがわかります。それぞれの職種の役割を把握しておくと、相談したいときに役立ちます
- •施設によっては付属文書に記載されているところもあります

〈配置職員の職種〉

介護職員 ………… 日常生活上の介護、相談及び助言等を行います。

生活相談員 ……… 日常生活上の相談に応じ、適宜生活支援を行います。

看護職員 ………… 主に健康管理・服薬管理や療養上の世話を行います。

機能訓練指導員 … 個別機能訓練計画の作成及び機能訓練を担当します。

介護支援専門員 … 個別の施設サービス計画（ケアプラン）を作成します。

栄養士 …………… 食事に関する栄養管理を行います。

医師 ……………… 健康上の管理及び療養上の指導等を行います。

〈主な職種の勤務体制〉

職　種	勤務体制
1．医　師	毎週1回　　13：00〜15：00
2．介護職員	標準的な時間帯における最低配置人員 　　　早番　　　7：30〜16：30　　　6名 　　　遅番　　　9：45〜19：00　　10名 　　　夜間　　17：15〜 9：15　　　5名
3．看護職員	標準的な時間帯における最低配置人員 　　　早番　　　8：00〜17：00　　　1名 　　　日勤　　　8：45〜18：00　　　1名 　　　遅番　　　9：45〜19：00　　　1名

夜間に何人の介護職員がいるのかがわかります

◥ 施設が提供するサービスと利用料金

Q 施設での生活内容と料金がわかる最も大事な項目です。①施設が提供する介護サービスの概要、②介護保険の対象となるサービスの料金、③介護保険の対象とならないサービスの料金、の3点で主に構成されています。

5　施設が提供するサービスと利用料金

（1）介護保険の給付の対象となるサービス

〈サービスの概要〉

① 食事に関する栄養管理

・当施設では、栄養士の立てる献立表により、栄養並びに入所者の身体の状況及び嗜好を考慮した食事を提供します。

・入所者の自立支援のため、離床して食堂にて食事をとっていただくことを原則としています。

（食事時間）　朝食… 7 ：45〜　　　昼食…11 ：45〜　　　夕食…17 ：45〜

② 入浴

・入浴又は清拭を週2回行います。

・寝たきりでも特殊浴槽を使用して入浴することができます。

③ 排泄

・排泄の自立を促すため、入所者の身体能力を最大限活用した援助を行います。

④ 健康上及び療養上の管理等

・看護師が医師や医療機関等と連絡、対応できる体制を確保し、健康上の管理等を行います。

⑤ 機能訓練

・機能訓練指導員により、日常生活を送るのに必要な機能の回復、又はその減退を防止するための訓練を実施します。

⑥ その他自立への支援

・寝たきり防止のため、できるかぎり離床に配慮します。

・生活のリズムを考え、毎朝夕の着替えを行うよう配慮します。

・清潔で快適な生活が送れるよう、適切な整容が行われるよう援助します。

- サービス利用料金は報酬改定によって変更されることも多いので、差し替えやすいように「重説」の最後に別添としている施設もあります
- わかりにくい場合もあるので、不明な点は遠慮なく施設に尋ねましょう
- 契約書にも料金の支払い等について記されているので、併せて確認しておきましょう

〈サービス利用料金〉（1日あたり　1割負担の場合）（契約書○条参照）

		要介護1	要介護2	要介護3	要介護4	要介護5
単位数	施設介護サービス基本単位	△△	△△	△△	△△	△△
	○○加算	△	△	△	△	△
	○○加算	△	△	△	△	△
	○○加算	△	△	△	△	△
	サービス単位数合計	△△△	△△△	△△△	△△△	△△△
①利用料		○○○○	○○○○	○○○○	○○○○	○○○○
②介護保険給付額		○○○	○○○	○○○	○○○	○○○
③入所者負担額（①−②）		○	○	○	○	○

※○○加算は、……
　○○加算は、……
　○○加算は、……

※1か月の自己負担額が、入所者の所得区分に応じて設定されている「負担上限額」を越えた場合、その超過分は「高額介護サービス費」として戻ってきます。○○市への申請が必要です。

加算（詳細はP32〜34）
「指定基準」に示されている職員配置や内容以上のことを行い、より充実した介護サービスを提供する場合に上乗せされる介護料金のことです。特養にはさまざまな加算があります。加算の内容を知っておくと、施設選びの際の目安にもなります

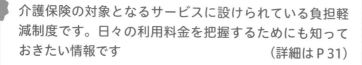

介護保険の対象となるサービスに設けられている負担軽減制度です。日々の利用料金を把握するためにも知っておきたい情報です　　　　　　（詳細はP31）

（2）介護保険の給付対象外のサービス（契約書○条参照）

　以下のサービスは、利用料金の全額が入所者の負担となります。

〈食費・居住費〉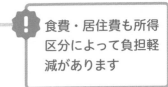

食費・居住費も所得区分によって負担軽減があります

食　費（日額）		1,380円
居住費（日額）	従来型個室	1,150円
	従来型多床室	840円

※負担限度額認定証の交付を受けている入所者は、下記の料金となります。

		第1段階	第2段階	第3段階
食　費（日額）		300円	390円	650円
住居費（日額）	従来型個室	320円	420円	820円
	従来型多床室	0円	370円	370円

食費・居住費の負担軽減を受けるとき必要です
（詳細はP31）

〈その他のサービスと利用料金〉

これらのサービスを利用する際は全額自己負担です。月額数千円はかかるので心づもりが必要です

①特別な食事

　　入所者の希望に基づいて特別な食事を提供します

　　利用料金：要した費用の実費

②理容・美容

　　月2回、理容師または美容師の出張サービスがあります。調髪・顔そり・毛染め・パーマ等に対応します

　　利用料金：カット○○円、パーマ○○円

③貴重品の管理

　　入所者の希望により、貴重品管理サービスが利用可能です。詳細は以下のとおりです。

　　○管理する金銭の形態：施設指定の金融機関に預け入れている預金

　　○お預かりするもの：上記通帳と金融機関へ届け出た印鑑、有価証券、年金証書

　　○保管管理者：施設長

○出納方法：預金の預け入れ及び引出しが必要な場合、指定の依頼書を保管管理者へ提出していただきます。

保管管理者は出入金の都度、通帳へ出入金を記録します。又、3か月に1度、その写しを入所者に交付します。

○利用料金：月○○○円

④レクリエーション・クラブ活動

材料代等の実費

⑤複写物の交付

入所者はサービス提供についての記録をいつでも閲覧できますが、複写物を必要とする場合には実費をご負担いただきます。　1枚につき　10円

⑥日常生活上必要となる諸費用実費

日常生活品の購入代金等、日常生活に要する費用で、入所者に負担いただくことが適当であるもの（衣類、嗜好品等）にかかる費用です。※おむつ代は介護保険給付対象となっており、負担の必要はありません。

（3）利用料金の支払い方法（契約書○条参照）

前記（1）（2）の料金・費用は、1か月ごとに計算し、ご請求します。翌月○日までに下記のいずれかの方法でお支払いください。

ア、窓口での現金支払い

イ、下記指定口座への振込

　　　○○銀行　　　　○○支店　普通預金○○○○

　　　郵便振替　　　□□□□□□□□

ウ、金融機関口座からの自動引き落とし

　　　金融機関：○○銀行

（4）入所中の医療の提供について

　医療を必要とする場合は、下記協力医療機関において診療や入院治療を受けることができます（ただし、下記医療機関での診療・入院治療を義務付けるものではありません）。

①協力医療機関

　　医療機関名　　　医療法人友禅病院

　　所在地　　　　　○○県△△市◇◇町３丁目２番34号

　　電話番号　　　　○○○○－○○－○○○○

　　診療科目　　　　内科、整形外科、その他の診療科

②協力歯科医療機関

　　医療機関名　　　友田歯科医院

　　所在地　　　　　○○県□□市●●町４丁目５番３号

　　電話番号　　　　○○○○－○○－○○○○

> ！ 持病がある場合、対応する診療科の有無の確認は大事です。入居前から受診している医療機関への通院を希望する場合、家族が付き添わねばならないことが多いので、その点も事前にしっかり確認しておきましょう

◤ 目を通しておきたい退居の要件

Q 退居の要件や、入居者の所持品（残置物）の引取りについて記されています。有料老人ホームや老人保健施設など他の介護施設に比べ、特養の退居要件は緩やかですが、入居が「契約」である以上、目を通しておきたい項目です。

6　施設を退所していただく場合（契約の終了について）

　当施設では、契約が終了する期日は特に定めていませんが、次のような事由の場合、当施設との契約は終了し、退所していただくことになります（契約書第○条参照）。

---

①入所者が自立または要支援と判定された場合

②事業者が解散・破産、施設を閉鎖した場合

③施設が災害等の損傷により使用できなくなった場合

④施設が介護保険の指定を取り消されたり、指定を辞退した場合

⑤入所者から退所の申し出があった場合（詳細は⑴参照）

⑥事業者から退所の申し出を行った場合（詳細は⑵参照）

（1）入所者からの退所の申し出（中途解約・契約解除）（契約書第○条・〇条参照）

　契約期間内であっても、入所者から退所を申し出ることができます。その場合、退所希望日の７日前までに解約届け出を提出してください。ただし次のような場合、即時に退所できます。

①介護保険の給付対象外のサービス利用料の変更に同意できない場合

②入所者が入院した場合

③事業者もしくはサービス従事者が、正当な理由なく本契約に定める介護福祉施設サービスを実施しない場合

④事業者もしくはサービス従事者が、守秘義務に違反した場合

⑤事業者もしくはサービス従事者が、故意又は過失により入所者の身体・財物・信用等を傷つけ、又は著しい不信行為、その他本契約を持続しがたい重大な事情が認められる場合

⑥他の入所者が、退所を申し出た入所者の身体・財物・信用等を傷つけた場合もしくは傷つける恐れがある場合において、事業者が適切な対応を取らない場合

（2）事業者からの申し出により退所していただく場合（契約解除）（契約書第○条参照）

利用料金の支払いの遅延、３か月以上の入院も、退居の要件になるので注意が必要です（P 43-44）

①入所者が、契約締結時にその心身の状況及び病歴等の重要事項について、故意にこれを告げず、または不実の告知を行い、その結果本契約を継続しがたい重大な事情を生じさせた場合

②入所者によるサービス料金の支払いが３か月以上遅延し、相当期間を定めた催告にもかかわらず、これが支払われない場合

③入所者が故意又は重大な過失により、事業者又はサービス従事者、もしくは他の利用者等の生命・身体・財物・信用等を傷つけ又は著しい不信行為を行うなどによって、本契約を継続しがたい重大な事情を生じさせた場合

④入所者が連続して３か月以上医療機関へ入院すると見込まれる場合もしくは入院した場合

⑤入所者が介護老人保健施設に入所した場合もしくは介護医療院に入院した場合

（3）円滑な退所のための援助（契約書第○条参照）

　入所者が当施設を退所する場合には、入所者の心身の状況、置かれている環境等を勘案し、円滑な退所のために必要な以下の援助を行います。

---

①適切な病院もしくは診療所又は介護老人保健施設等の紹介

②居宅介護支援事業者の紹介

③その他保健医療サービスまたは福祉サービスの提供者の紹介

 残置物の引取りの他、債務・連絡窓口などの役割を担う「身元引受人」を決めるよう求めている施設もあります　　（P35）

7　残置物引取人（契約書第○条参照）

　入居契約が終了した後、当施設に残された入所者の所持品（残置物）を入所者自身が引き取れない場合に備え、「残置物引取人」を定めていただきます。なお、引き渡しにかかる費用については、入所者または残置物引取人にご負担いただきます。

※入所契約締結時に残置物引取人が定められていない場合であっても、入所契約を締結することは可能です。

◣ 苦情相談窓口についても確認しておこう

Q 施設内や外部の苦情受付機関について記されています。入居後、相談したいことが出てくる場合もあるので念頭に置いておきましょう。

8 苦情の受付について（契約書第○条参照）

（1）当施設における苦情の受付

当施設における苦情や相談は以下の専用窓口で受け付けます。

・苦情相談窓口（担当者）

　　職名　●●　　　　　　氏名　○○　○○

・受付時間　　　毎週○曜日〜○曜日　　○○時〜○○時

> ・施設内の相談担当者について顔と名前を把握しておきましょう。複数名記載されている場合、相談しやすそうな人を選ぶこともできます
> ・施設の相談担当者の他、第三者委員や介護相談員・介護オンブズマンの連絡先を記載しているところもあります

（2）行政機関その他苦情受付機関

○○県△△市役所 介護保険課	○○県△△市□□町5-9-3　TEL 00-0000-0000 受付時間9：00〜17：00
○○県 国民健康保険団体連合会	○○県◇◇市××町1-3-8　TEL 00-0000-0000 受付時間：9：00〜17：00、苦情担当係
○○県社会福祉協議会 運営適正化委員会	○○県△△市●●町5-8-30　TEL 00-0000-0000 受付時間：9：00〜17：00

◥ 利用者の人権に関わる記述にも目を向けよう

Q 「身体拘束の原則禁止」や「虐待防止」は利用者の人権擁護に関わる重要な項目です。入居後、確認したい場合があるかもしれないので「重説」に記載されていることは知っておきましょう。

9　身体拘束について

　入所者に対する身体的拘束その他行動を制限する行為を行いません。ただし、例外的に入所者又は他の利用者の生命、身体を保護するため緊急やむを得ず実施する場合は、ご家族の同意を得るとともに、記録を作成するなど、適正な手続きにより一時的に身体等を拘束する場合があります。

> **！** 「身体拘束」や「虐待防止」の記述は、利用者サイドにとって非常にイメージしにくい内容です。記載内容を理解するためには一定の知識が必要です。Ｐ35～36を参照して知識を養いましょう。後述する『Ｏ－ネットモデル案』のＰ76も参考になります。

10　虐待防止について

　入所者の人権擁護、虐待防止のために次に掲げるとおり必要な措置を講じます。

（1）虐待防止に関する責任者を選定します

　　　責任者：施設長　中道　護

（2）成年後見制度の利用を支援します

（3）虐待等に関する苦情解決体制を整備します

（4）従業者に対する虐待防止を啓発・普及するための研修を実施しています

◤ 理解・納得したうえで署名を

🔍 「重説」をもとに口頭で説明を受けたことについて署名します。

11 署名

●●年●月●日

指定介護老人福祉施設サービスの提供の開始に際し、
本書面に基づき重要事項の説明を行いました。

指定介護老人福祉施設 　　　　○○○○○○○○

説明者　職種＿＿＿＿＿　氏名＿＿＿＿＿＿＿＿ ㊞

> ❗ 事前に「重説」をもらい、目を通したうえで説明を受けるのがベストです

私は、本書面に基づいて事業者から重要事項の説明を受け、
指定介護老人福祉施設サービスの提供開始に同意しました。

利用者　住所＿＿＿＿＿＿＿＿＿＿＿＿＿＿＿＿＿

　　　　氏名＿＿＿＿＿＿＿＿ ㊞

家　族　住所＿＿＿＿＿＿＿＿＿＿＿＿＿＿＿＿＿

　　　　氏名＿＿＿＿＿＿＿＿ ㊞

> ❗ 利用者の意思確認や署名が難しいケースでは、署名代行者を記載する欄を設けているところがあります。家族の署名欄を設けている施設もありますが、法的な効力はありません。公的には成年後見人の署名が望ましいとされています

◤ 付属文書にも大事なことが盛りだくさん！

> 付属文書には、「ケアプランの流れ」、秘密保持・個人情報の保護や記録の保管といった「施設の義務」、「非常災害時の対策」、「施設利用の留意事項」、「損害賠償」など、施設生活に関わる大事なことがたくさん書かれています。

12　付属文書

〈重要事項説明書付属文書〉

1．施設の概要

（1）建物の構造　鉄骨鉄筋コンクリート造　（2）建物の延べ床面積　3,122.78㎡

2．契約締結からサービス提供までの流れ

　入所者に対する具体的なサービス内容やサービス提供方針については、入所後作成する「施設サービス計画（ケアプラン）」に定めます。「施設サービス計画（ケアプラン）」の作成およびその変更は次のとおり行います。**（契約書第○条参照）**

① 当施設の介護支援専門員（ケアマネジャー）に、施設サービス計画の原案作成や、そのために必要な調査等の業務を担当させます。

② その担当者は施設サービス計画の原案について、入所者及びそのご家族等に対して説明し、同意を得たうえで決定します。

③ 施設サービス計画は、6か月に1回、又は状態に変化があった場合、もしくはご入所者及びそのご家族等の要請に応じて、変更の必要があるかどうかを確認し、変更の必要がある場合には、入所者及びそのご家族等と協議して、施設サービス計画を変更します。

④ 施設サービス計画が変更された場合には、入所者及びご家族にその内容を確認していただきます。

❗ 入居後、ケアプランを変更してほしいときは利用者サイドから要望し検討してもらうことができます。また、状態に変化がない場合でも、半年ごとに確認・見直しを行う必要があることを知っておきましょう

3．サービス提供における事業者の義務（契約書第○条参照）

当施設は、入所者に対してサービスを提供するにあたって、次のことを守ります。

① 入所者の生命、身体、財産の安全・確保に配慮します。

② 事業者及びサービス従事者又は従業員は、感染症・食中毒の予防及び蔓延の防止に努めます。…（中略）…

③ 入所者の体調、健康状態から見て必要な場合には、医師又は看護職員と連携のうえ、入所者から聴取、確認します。

④ 入所者が受けている要介護認定の有効期間の満了日30日前までに、要介護認定更新の申請のために必要な援助を行います。

⑤ 事業者は、サービス提供時において、契約者の身体に急変その他緊急に処すべき事態・事故が発生した場合は、速やかに医師又は看護職員と連携し、適切な医療処置を行うとともに、家族及び管理者・市町村への報告等必要な措置を講じます。また、事故の場合改善策を定めてサービス従事者等に周知徹底し、再発防止に努めます。

「事業者の義務」に「身体拘束禁止」を入れている施設もあります。一方、「事故発生時の対応」や「感染症の予防」を独立させて項目立てしているところもあります

⑥ 入所者に提供したサービス及び事故の発生については記録を作成し、●年間保管するとともに、入所者又は代理人の請求に応じて閲覧させ、複写物を交付します。

記録の保管は通常2年間ですが、大阪は5年間になっています

⑦ 事業者及びサービス従事者又は従業員は、サービスを提供するにあたって知り得た入所者又はご家族等に関する事項を、正当な理由なく第三者に漏洩しません（守秘義務）。ただし、…（中略）…

4．施設利用の留意事項

施設で生活するうえで了解しておきたい事柄が雑多に盛り込まれています

当施設のご利用にあたって、入所者の共同生活の場としての快適性、安全性を確保するため、下記の事項をお守り下さい。

（1）持ち込みの制限

入所にあたり、利用者がその場で食べられる分の食べ物、職員が依頼した物品以外は、原則として持ち込むことはできません。

（2）面会

面会時間　9：00～17：00

☆ 来訪者は、必ずその都度職員に届け出てください。

（3）外出・外泊（契約書第○条参照）

外出・外泊される場合は、事前にお申し出下さい。

（4）食事

食事が不要な場合は、事前にお申し出下さい。前日までに申し出があった場合には重要事項説明書 に定める「食費」は減免されます。

（5）施設設備の使用上の注意（契約書第○条参照）

① 居室及び共用施設、敷地をその本来の用途に従って利用して下さい。

② 故意に、又はわずかな注意を払えば避けられたにもかかわらず、施設、設備を壊したり、汚したりした場合には、入所者の自己負担により原状に復して頂くか、又は相当の代価をお支払い頂く場合があります。

③ 入所者に対するサービスの実施及び安全衛生等の管理上必要があると認められる場合には、入所者の居室内に立ち入り、必要な措置を取ることができるものとします。ただし、その場合ご本人のプライバシー等の保護について、十分な配慮を行います。

④ 当施設の他の入所者や職員に対し、迷惑を及ぼすような宗教活動、政治活動、営利活動を行うことはできません。

（6）喫煙

施設内の喫煙スペース以外での喫煙はできません。

5．損害賠償について（契約書第○条参照）

当施設において、事業者の責任により入所者に生じた損害については、事業者は速やかにその損害を賠償いたします。守秘義務に違反した場合も同様とします。

ただしその損害の発生について、入所者に故意又は過失が認められる場合には、入所者の置かれた心身の状況を斟酌して相当と認められる時に限り、事業者の損害賠償責任を減じる場合があります。

> ！ 読み飛ばしがちですが、利用者サイドにとって留意しておきたい項目です。解釈によって左右される微妙な表現が気になるところです

重要事項説明書を理解するために！
知っておきたい用語あれこれ

用語を理解しておくと、施設との円滑な対話にも役立つ

Part 1 Chap 2「重要事項説明書には、どこに何が書かれているの？」（P10〜28）で一般的な「重説」の記載内容をご紹介しましたが、なかにはなじみのない言葉もあったかと思います。そこで、ここでは「重説」を読むうえで知っておきたい用語について解説します。

掲載する用語は、介護サービスを利用するにあたってよく出てくるだけに、理解しておけば施設関係者と円滑に対話するうえでも役立ちます。

▶ 利用者負担段階

介護保険では、利用者の所得に応じて下表のような所得区分が設けられています。この所得区分には資産も加味されています（図表1-3）。

所得区分をもとに、利用者の費用負担が重すぎないように、介護保険の給付対象サービスや食費・居住費等に軽減制度が設けられています（P31〜32）。

▶ 利用者負担割合

介護保険制度は、租税半分と、40歳以上の市民の介護保険料半分を財源とする社会

図表1-3　**利用者負担段階**

第1段階	生活保護受給者	住民税非課税世帯	
	老齢福祉年金受給者		配偶者も住民税非課税であり、預貯金等が単身で1,000万円、夫婦で2,000万円以下であること
第2段階	年金収入等が80万円以下の人		
第3段階	年金収入等が80万円を超える人		
第4段階	住民税課税世帯で、年金収入280万円未満の人（2017年8月から2020年7月までの時限措置）		
	住民税課税世帯で上記以外の人		

※2021年度から変更の予定

保障制度です。保険料を払っている人に介護サービスが必要となったとき、各種サービスの費用総額の一部を負担することで利用できる仕組みになっています。「利用者負担割合」とは、サービスを受ける人が負担する割合を示したものです。

制度開始当初は利用者全員が1割負担でしたが、2015年8月から2割負担が、そして2018年8月には3割負担が、所得に応じて設けられるようになりました。所得による負担割合は図表1-4のとおりです。

▶ 施設サービス費

介護保険施設（特養・老健・療養型医療施設または介護医療院）で介護サービスを受ける場合に、介護保険から給付される費用のことです。

利用者は所得に応じて、施設サービス費の1〜3割を負担することになります。特

養の場合、要介護度（3〜5）、居室のタイプ（個室・多床室）、施設の種類（従来型・個室ユニット型など）によって、施設サービス費は異なります。

施設サービス費には、食事・入浴・排泄をはじめとする身体介助、衣服の着脱や整容、機能訓練、健康管理、相談対応、アクティビティなどが含まれます。食費と居住費はこの費用の中には含まれません。

▶ 基準費用額

食費・居住費は、施設が自由に設定してよいことになっています。ただし、国として目安となる金額を定めています。それが基準費用額です。日額で、食費は1,380円、居住費は従来型個室が1,150円、従来型多床室が840円、ユニット型個室が1,970円となっています。

多くの施設では、住民税課税世帯である

図表1-4　**利用者負担割合**

負担割合	年金収入等	
3割	単身世帯	340万円以上
	夫婦世帯	463万円以上
2割	単身世帯	280万円以上340万円未満
	夫婦世帯	346万円以上463万円未満
1割	単身世帯	280万円未満
	夫婦世帯	346万円未満

図表1-5　**負担上限額（月額）**

第1段階	第2段階	第3段階	第4段階 （280万円未満）	第4段階 （現役並み相当）
15,000円	15,000円	24,600円	37,200円※	44,400円

※年金収入等280万円未満、2017年8月から3年間の時限措置。2021年度から変更の予定

「利用者負担段階」第4段階の人の食費・居住費を基準費用額と同額で設定しています。しかし、なかには基準費用額を上回る金額で設定しているところもあります。とくに全室個室ユニット型施設では、基準費用額以上の金額設定のところも少なくありません。

▶ 高額介護サービス費
（利用料金の負担軽減①）

介護保険の対象となるサービス料金（施設サービス費と加算）には「負担上限額」が設けられています（図表1-5）。施設サービス費と加算の合計月額が下記の負担上限額を超えた場合、「利用者負担段階」に応じて、その差額が「高額介護サービス費」として自動的に払い戻されます。

高額介護サービス費の支給については、要件を満たす人に市町村から支給申請書が届く仕組みになっています。書類に必要事項を記入して市町村に提出することによって、自動的に手続きが行われます。

▶ 負担限度額認定
（利用料金の負担軽減②）

食費・居住費には「負担限度額」が設けられています（図表1-6）。この負担軽減は、市民税非課税である「利用者負担段階」第1～第3段階の人が対象となります。

基準費用額（P30）から負担限度額を差し引いた金額が「特定入所者介護サービス費」として、介護保険から施設へ支給されます。ただし、この負担軽減を受けるには市町村へ申請し、「介護保険負担限度額認定証」の交付が必要となります。

▶ 社会福祉法人等による利用者負担軽減制度（利用料金の負担軽減③）

低所得で生計が困難な人に対し、社会福祉法人が運営する特養への入居費用が軽減される仕組みで、「社福軽減」と言われている制度です。

利用者負担額（施設サービス費利用者負担分と食費・居住費）の1／4が減額されます。利用者負担第1段階の場合は1／2が減額されます。この制度を受けるには、住民税非課税、単身世帯で年金収入150万円以下（2人以上の世帯の場合1人につき50万円を加算）などの要件があります。また、所定の申請書類を社会福祉法人から市町村に提出する必要もあります。

ただし、施設の母体が社会福祉法人であっても「社福軽減」を実施していないところもあるので施設への確認が必要です。

図表1-6　**食費・居住費の負担限度額**

		第1段階	第2段階	第3段階
食　費　（日額）		300円	390円	650円
居住費 （日額）	従来型個室	320円	420円	820円
	従来型多床室	0円	370円	370円
	ユニット型個室	820円	820円	1,310円

※2021年度から変更の予定

高額医療・高額介護合算療養費制度
（利用料金の負担軽減④）

医療保険と介護保険の自己負担額の合計が世帯で高額になった場合、市町村から払い戻しが受けられる制度です。月あたりの軽減では補いきれない高額の負担となったとき、年間で負担をカバーする仕組みです。

対象となる期間は、8月1日〜翌年7月末までの1年間。年間の自己負担限度額は、年齢や所得区分によって異なります。市町村で申請手続きをして「自己負担額証明書」の交付を受けた後、改めて窓口に申請します。

ただし、医療保険・介護保険ともに、保険適用外サービスで全額自己負担となっているものは対象になりません。また、健康保険の種類が夫婦で異なる場合も合算の対象外となります（図表1-7）。

▶ 指定基準

介護保険サービスを実施する事業者として指定を受ける際に満たさなければならない運営上の基準のことです。省令によってサービスの種類ごとに定められています。

特養の場合、「指定介護老人福祉施設の人員、設備及び運営に関する基準」が「指定基準」であり、配置すべき職員の職種や人数、備えるべき設備、実施すべきサービスなど、特養を運営するうえで守る必要のある最低限の事柄が記されています。

▶ 加算

加算とは、基本となる介護サービス以上のものを提供する場合にプラスされる介護料金のことです。

加算には、利用者全員を対象とするものもあれば、個人を対象にするものもあります。また、具体的なサービス提供だけでなく、職員の資格や強化体制などに対して設けられる加算もあります。いずれの場合も、加算を取るには施設が一定の要件を満たしていることが必要になります。

主な加算について知っておくと、その加算の有無で入居する人のニーズに対応できる施設かどうか、判断する目安にもなります。それだけに、「重説」にどのような加算が記載されているか、確認しておくことも大切です。主な加算とその内容について、お伝えしましょう。

図表1-7　**合算療養費制度の年間自己負担額**　　　※70歳〜74歳で現役並み所得でない場合

住民税非課税世帯		年収156〜370万円	年収370〜770万円
Ⅰ※	Ⅱ※	56万円	67万円
19万円	31万円		

※Ⅰは被保険者が市区町村民税の非課税者等である場合。Ⅱは被保険者とその扶養家族全ての人の収入から必要経費・控除額を除いた後の所得がない場合

❶ 看護体制加算（対象：全員）

手厚い看護職員の配置を行っている場合につく加算です。2種類あり、Ⅰは常勤看護職員が1人以上配置されている場合です。Ⅱは看護職員を常勤換算で利用者25人に1人配置するとともに、さらに1人配置し、24時間の連絡体制が整っている場合です。

❷ 夜勤職員配置加算（対象：全員）

夜間（17時〜9時が一般的）職員を基準より多く配置している場合につきます。加算には3種類あり、Ⅰは従来型施設で、基準となる夜間職員数（25人に1人）に加えて1人以上配置している場合です。Ⅱは個室ユニット型施設で、基準となる夜間職員数は2ユニットに1人ですが、それに加えて1人以上配置している場合です。

また2018年度より新たに、見守りセンサーの導入により効果的に介護ができる場合も加算が認められるようになりました。

❸ 個別機能訓練加算（対象：全員）

理学療法士などの機能訓練指導員を常勤・専従で1人以上配置し、計画や評価を行いながら、機能訓練に力を入れて取り組んでいる場合に加算されます。

❹ 栄養マネジメント加算（対象：全員）

栄養摂取に配慮した食事提供や計画などを行い、常勤の管理栄養士を1人以上配置している場合に算定されます。

❺ 口腔衛生管理体制加算（対象：全員）

口腔ケアに力を入れた取り組みをしている場合につきます。計画を作成し、歯科医等が介護職員に月1回以上、口腔ケアに関する技術指導や助言を行うことが要件になります。

なお、歯科医の指示を受けた歯科衛生士が月4回以上、利用者に口腔ケアを行う場合は「口腔衛生管理加算」がつきます。上記の体制加算を取っていることが前提条件となります。

❻ 療養食加算（対象：個人）

管理栄養理士か栄養士の管理のもと、腎臓病や糖尿病などの利用者に配慮した食事が提供された場合に算定されます。

❼ 認知症専門ケア加算（対象：個人）

認知症介護の専門研修を受けた職員を配置している場合につきます。2種類あり、Ⅰは認知症の利用者が半数以上を占め、認知症実践リーダー研修修了者を同利用者が20人未満に1人、20人以上のときは10人ごとに1人配置している場合に加算されます。ⅡはⅠの要件を満たし、かつ認知症介護指導者研修修了者を1人以上配置している場合です。

❽ 配置医師緊急対応加算（対象：個人）

複数の医師を配置し、施設の求めに応じ、医師が早朝・夜間または深夜に施設を訪問し利用者の診療を行った場合に加算されます。

⑨ 看取り介護加算（対象：個人）

定められた体制を整えて看取りの支援を行った場合につく加算です。2種類あり、Ⅰは常勤看護師が1名以上いて、夜間も連絡が取れる体制などが整っている場合です。Ⅱは、配置医師緊急対応加算の算定に関わる体制などを整備している場合です。

⑩ 排泄支援加算（対象：個人）

排泄介護が必要で一定の要件を満たす利用者のうち、身体機能の向上や環境の調整等によって、排泄介助が全介助から一部介助になったり見守りになったりするなど「軽減できる」と医師などが判断し、利用者もそうした調整を希望する場合、一定期間につく加算です。

⑪ 褥瘡マネジメント加算（対象：全員）

褥瘡発生を予防するため、発生との関連が強い項目について定期的にアセスメントやマネジメントを実施した場合につく加算です。

⑫ 初期加算（対象：個人）

施設での生活に慣れるためにさまざまな支援を必要とすることから、入居日から30日に限って算定される加算です。30日を超える入院後、退院し施設に戻った場合も算定されます。

⑬ 日常生活継続支援加算（対象：全員）

要介護4・5の重度の利用者を積極的に受け入れている施設に対する加算です。

介護福祉士の有資格者の割合が常勤換算で利用者6人に対して1人以上いることが前提要件になります。加えて、要介護4・5の利用者の割合が70％以上、または認知症の人の割合が65％以上、または痰の吸引等が必要な人の割合が15％以上、が要件となっています。

⑭ サービス提供体制強化加算（対象：全員）

介護職員の専門性などキャリアに着目し、サービスの質が一定以上に保たれた施設を評価する加算です。次のいずれかに該当する場合に加算されます。①介護職員のうち介護福祉士の有資格者を50％以上配置、②介護・看護職員のうち常勤職員を75％以上配置、③介護職員のうち勤続3年以上の職員が30％以上を占める。なお、日常生活継続支援加算を取っている施設は、この加算を取ることができません。

⑮ 介護職員処遇改善加算（対象：全員）

介護職員の賃金の改善やキャリア形成を図る仕組みの整備などを目的とした加算です。研修等の計画的な実施などが要件になります。

▶ 従来型施設／個室ユニット型施設

特養は居住環境の違いから、従来型と個室ユニット型の2つのタイプに分けることができます。

従来型の居室は、一部個室もあります

が、大半が多床室（多くは4人部屋）で構成。利用者一人ひとりの居住スペースはカーテンや間仕切りで仕切られています。病院をモデルとした居住環境です。

　個室ユニット型は、利用者7人〜10人を1つの小規模な居住単位（ユニット）とし、中央にリビングスペース（共用空間）を設置してリビングを囲むようにして居室を配置。単に個室にするだけでなく、リビングを設けることで家庭に近い居住環境をつくるよう工夫されています。ケア方法も両者の施設では違いがみられます。

　個室ユニット型は2003年度から進められてきました。そのため以前からある多床室中心の施設を「従来型」と呼ぶようになりました。現在、個室ユニット型施設は特養全体の4割程度です。

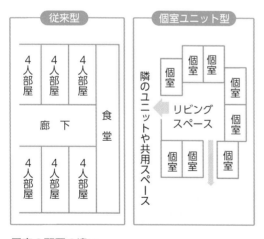

居室の配置の違い

出典：厚生労働省『2015年の高齢者介護〜高齢者の尊厳を支えるケアの確立に向けて〜』補論「2　ユニットケアについて」

▶ 身元引受人

　施設のなかには、身元引受人を決めておくよう求めているところもあります。そしてこの身元引受人に、「残置物の引取」「債務の履行義務」「連絡窓口」「契約書等への署名」などの役割を担うことを「重説」に記している場合が多くみられます。

　しかし、特養などの介護保険施設に入居するにあたって、本来、身元引受人は必要ないはずです。介護保険の被保険者である以上、「要介護3以上」という入居要件を満たしていれば、身元引受人がいなくても、利用者に「施設を利用する権利がある」からです。

　元来、身元引受人に法的な定義はありません。「身元保証人」ではないので、利用者の債務を負うこともありません。

　いずれにしても身元引受人を求める場合、施設は契約書や「重説」の書面にきちんとその役割を明記しておくことがトラブルを避けるためにも必要でしょう。また利用者サイドも、身元引受人の役割を十分に理解したうえでの受諾が望まれます。

▶ 身体拘束

　身体拘束とは、利用者が自分の意志では自由に動けないように縛ったり行動を制限したりすることです。

　指定基準第11条4項では、利用者の生

命や身体を保護するため「緊急やむを得ない場合」を除き身体拘束や行動制限を行ってはならない、とされています。

身体拘束に該当するものには、「車椅子・椅子・ベッドにひもで縛る」「つなぎ服を着せる」「ベッド柵で囲む」「車椅子に抑制帯やテーブルをつけて立ち上がれなくする」「手指の機能を制限するミトン型手袋をつける」などがあります。

「緊急やむを得ない場合」と認められるのは、①切迫性（生命・身体が危険）②非代替性（拘束に代わる介護方法がない）③一時性（行動制限は一時的なものに限る）。この3つの要件をすべて満たし、かつ確認等の手続き等が慎重に行われているケースに限られています。

緊急やむを得ず身体拘束を行う場合は、拘束の理由及び拘束の内容・状態、拘束の際の利用者の心身の状況を記録することが義務付けられています。もちろん、利用者・家族に丁寧な説明も必要です。拘束の理由や内容、拘束する時間・時間帯・期間等について詳しく伝え、十分理解を得るよう努めなければなりません。

身体拘束の廃止を進めるため、2018年度から指定基準11条には6項が追加され、各施設において、1）3か月に1回以上の定期的な身体拘束廃止委員会の開催、2）指針の整備、3）職員研修の定期的な実施も義務付けられました。身体拘束をしている施設は介護報酬も厳しく減算されます。

▶ 高齢者虐待

2006年施行の「高齢者虐待防止法」により、家族など高齢者の世話をしている人および介護施設の職員による高齢者への虐待を防ぐため、人権に対する意識の強化が求められています。

虐待には、暴力などの身体的なものだけでなく、「介護の放棄」「言葉による暴力」「無視」「性的嫌がらせ」「高齢者本人の合意のない金銭の使用」なども含まれます。

「虐待」があったか否かの判断には、加害者および被害を受けた高齢者に「虐待の自覚があったか」は問われません。客観的に見て「高齢者の権利が侵害されているか否か」で判断されます。

職員であれ、利用者の家族等であれ、万が一、施設内で虐待を受けたと思われる利用者を発見した場合は、速やかに市町村へ通報し、適切な対応にあたらなければなりません。

施設では、虐待防止のための規定の策定や、職員が利用者の権利擁護に取り組める環境の整備、啓発研修に努めなければなりません。また「虐待防止委員会」等で定期的にケース検討を行うとともに、職員が介護にあたっての悩みや苦悩を相談できる体制づくりも求められています。

重要事項説明書は
こんなふうに活用できる！

施設選びの検討資料に
入居後も確認に欠かせない

　以前は要介護1～2の人でも入居できた特養ですが、介護保険制度の見直しにより、2015年度からは、原則として要介護3以上の人を対象とする施設になりました。対象者がかなり限定されるため、最近では待機者も全般的に減っています。

　2015年度より前は、特養の入居者の総数とほぼ同じくらい待機者もいて、その数は全国で52万人に上ると言われていました。申し込みをしてから3年以上待ったというケースも少なくありませんでした。マスコミもさかんに入居待ちの深刻さについて報道したため、今でも「特養」というと「すぐには入れない施設」と思っている人があります。

　こうした背景があるためか、有料老人ホームに比べると、今でも特養入居に関して「施設を選ぶ」という意識が薄いように思います。ほとんどの場合、実際に申し込みをするのは当事者ではなく家族などであることも関係していますが、複数の施設に申し込みをして、「入居できます」という

連絡が来たら急いでその施設に入る、というパターンが多いのが現状です。

　しかし、入居してから「こんな暮らしだとは思っていなかった」と本人や家族が後悔しないためにも、必ず事前に施設を見学したいものです。全体的な雰囲気や職員の利用者への対応の様子などを観察するとともに、「重説」もそのとき入手し、家でじっくりと目を通しましょう。

　Chap 1でも少し触れましたが、施設を決める際、複数の施設の「重説」を比較検討することによって、入居する人に合った施設か否か、見えてくることもあります。当事者に合った施設に入ることができれば、穏やかな表情で安心して暮らせることも少なくありません。

　また、入居後も家族は「重説」を手元に置いて、ときどき確認してみましょう。入居契約時、「重説」をもとに口頭で説明を受けてはいても、施設の暮らしについてイメージができていないと、書かれている内容をきちんと理解するのは難しいものです。年月が経つと忘れてしまう場合も多々あります。まずは「重説」で確認し、それでもわからなかったり疑問が残ったりした場合、施設に尋ねましょう。こうすること

で施設ともうまくコミュニケーションを取ることができるかもしれません。

　ここでは「重説」をどう利用するか、活用例をご紹介しましょう。

施設を決める前に〈1〉
介護職員の配置人数と
夜勤職員数の確認は必須

　介護業界では慢性的な人手不足が続いています。そのため、どこの施設でも人員確保には苦労しているのが現状です。

　介護に携わる職員数の多寡が必ずしもサービスの質に関係するとは言えませんが、手厚い介護体制を整えているか否かの一つの目安として「介護・看護職員の人数」の確認は欠かせないでしょう。

　指定基準（P32）により、特養では利用者数に対する介護・看護職員数が定められています。具体的には、利用者3人に対して介護・看護併せて1人以上の職員（常勤換算）を配置することになっています。

　そこで、入居を考えている施設の職員状況はどうなっているのか、「重説」で確認してみましょう。「主な職員の配置状況」の表をもとに、入居定員÷（介護職員数＋看護職員数）で、利用者数：介護・看護職員数の比が計算できます【例1】。

　従来型施設（P34〜35）だと、利用者数：介護・看護職員数が3：1ギリギリであったり、2.5：1であったりといった感じです。2：1であれば、かなり手厚い職員配置であると言えます。

　一方、従来型施設より人手が多く必要な個室ユニット型施設（P34〜35）の場合、2：1が一般的です。1.8：1とか1.7：1のところだと、手厚い職員配置です。反対に、個室ユニット型施設で3：1であれば、職員は手薄な状態です。利用者サイドからすれば「行き届いた介護はなかなか難しい」とみるべきでしょう。

　次に調べたいのが「夜勤の介護・看護職

【例1】主な職員の配置状況　（入居者100名の施設の場合）

職　　種	常勤換算	指定基準
1．施設長（管理者）	1名	1名
2．介護職員	43名	31名
3．生活相談員	3名	2名
4．看護職員	4名	3名
5．機能訓練指導員	1名	1名
6．介護支援専門員	2名	2名
7．医師	2名	必要数
8．栄養士	1名	1名

🔍 ココを見る！

この施設の場合、
介護職員数＋看護職員数は
常勤換算で43＋4＝47（名）
利用者数：介護・看護職員
数は100：47≒2.1：1
比較的手厚い職員配置の施
設だと言える。

員数」です。

　全般的に日中に比べると夜間は、職員数が圧倒的に少ないだけに、十分な対応ができないところもみられます。「排泄介助になかなか来てくれない」「部屋で転倒したが、職員が気づくまでに何時間もかかった」といったこともあります。

　「夜勤の介護・看護職員数」は、「重説」の「主な職種の勤務体制」の表における介護・看護職員の夜間の人数を確認すればわかります。入居定員÷（夜間の介護職員数＋看護職員数）で、職員1人あたりが担当する利用者数を割り出すことができます【例2】。

　ただし、夜間は看護職員のいない施設が大半です。夜間の職員とは介護職員だと考えておいてよいでしょう。反対に、夜間も看護職員がいる施設は、利用者サイドからすれば安心につながると思われます。

　指定基準では、従来型の場合、夜間の職員数は入居者数によって図表1-8のように定められています。一方、個室ユニット型の場合は2ユニットに1人以上の配置が基準となっています。たいてい1ユニットの利用者数は10人なので、20人に職員1人の配置となっています。

図表1-8　**夜勤時の介護・看護職員の配置人数**

利用者	25人以下	1人以上
	26～60人	2人以上
	61～80人	3人以上
	81～100人以下	4人以上

　いずれにしても、夜間は少なくても20人、多ければ30人の利用者を職員1人で担当しているのが現状です。なお、夜勤職員配置加算（P33）を取っている施設では、指定基準より職員を1人多く配置しています。＋1人とはいえ、職員1人あたりの利用者数が少し緩和されたり、何かあったときの機動性が増したりする場合もあるので、いくぶん安心につながるかもしれません。

【例2】主な職種の勤務体制（入居者100名の施設の場合）

職　種	勤務体制
1．医師	毎週1回　　13：00～15：00
2．介護職員	標準的な時間帯における最低配置人員 　　早番　　7：30～16：30　　6名 　　遅番　　9：45～19：00　10名 　　夜間　17：15～　9：15　　5名
3．看護職員	標準的な時間帯における最低配置人員 　　早番　　8：00～17：00　　1名 　　日勤　　8：45～18：00　　1名 　　遅番　　9：45～19：00　　1名

Q ココを見る！

この施設の場合、
・夜間の職員は5名なので
利用者数÷夜間職員数
＝100÷5＝20
夜間は介護職員1人で利用者20人を担当していることになる
・看護職員の夜勤はないこともわかる

特養には基本料金の他に、多くの加算が設けられています（P32〜34）。入居を検討している施設がどんな加算を取っているかを調べておくことも、入居する当事者のニーズにある程度対応できる施設かどうかを判断する一つの目安になります。

加算は、「介護保険の対象となるサービス」で示された「施設サービス利用料金」に続く項目として主に記載されています。「各種加算および自己負担額」として箇条書きに施設が取得している加算を挙げているところもあれば、「加算」として表組みにしているところもあり、記載方法はさまざまです。概してわかりにくいので読み飛ばしてしまいがちですが、加算の内容を知っておくと関心も向けやすくなります【例3】。

例えば、できるだけ身体機能が衰えないよう維持したいので「リハビリがしたい」「身体を動かす機会をもってほしい」と考えている場合、「個別機能訓練加算」があるか確認しましょう。

特養は、あくまでも「生活の場」であり、病院のような治療的なリハビリを行うところではありません。そのため「機能訓練」といっても身体機能の"回復"ではなく現有機能を"維持"するものになっています。

施設に1人は配置されている機能訓練指導員は理学療法士・看護師などの資格をもっていることが必要ですが「兼務でもよい」とされています。看護職員が医務を担いながら担当しているところも多いのが実情です。そのため機能訓練には時間的にも内容的にもそれほど比重を置いていない施設も少なくありません。

【例3】

		要介護1	要介護2	要介護3	要介護4	要介護5
単位数	施設介護サービス基本単位	△△				
	○○加算					
	○○加算					
	○○加算					
	サービス単位数合計	△△△				
①利用料		○○○				
②介護保険給付額						
③日額入所者負担額（①−②）						

※○○加算は、……
　○○加算は、……
　○○加算は、……

🔍 ココを見る！

どんな加算を取っているのか、加算の説明も記されている。

一方、「個別機能訓練加算」を取っている施設では、理学療法士・作業療法士・柔道整復師・言語聴覚士などのリハビリ専門職や、看護職員、鍼灸師、あんまマッサージ指圧師を「常勤・専従」で配置しています。病院や老健ほどではないにせよ、個別に利用者に対応し、個々の身体機能の維持に努めています。「身体を動かしたい」「リハビリをして励みにしたい」と考えている場合、個別機能訓練加算がある施設かどうか、必ず確認しましょう。

その他、腎臓病や高血圧症があるので「塩分控えめの食事にしたい」など、治療食の提供を望む場合、「療養食加算」のある施設なら安心です。

認知症介護にきちんと取り組んでほしいと思うときは「認知症専門ケア加算」、看取りにも対応してほしいと考えているときは「看取り介護加算」の有無も確認しておきましょう。

もちろんいずれの場合においても、入居を決める際は「重説」だけでなく、利用者

の状態や希望を伝え、具体的にどんな対応をしてもらえるか、口頭でも施設にしっかり確認しておくことが必要です。

入居後も手元に置いて〈1〉 預り金の管理などその他の サービスの費用

入居時はさまざまな準備に追われて意識していなかったけれど、入居後、気になりだす事柄に、施設サービス費や食費・居住費以外の「その他のサービスの費用」があります。金銭管理費、理美容費、クラブ活動費などです。こうした費用は施設によって金額などがかなり違う場合があります。疑問を感じた場合、「重説」にはどのように記載されているかを確認したうえで施設に尋ねる方が賢明です。

「その他のサービスの費用」でまず知っておきたいのは、「日常生活上必要となる諸費用（日常生活費）」です。

これに含まれるものには、石鹸・歯ブラシ・歯磨きなどの消耗品や身の回りの物品が挙げられます。

車椅子・歩行器・ポータブルトイレ・おむつ・エアマット・寝具類は施設で用意する物になっているので、日常生活費の徴収対象にはなりません。ただし、身体状況に合った自分専用の車椅子を望んだりする場合、購入は全額自己負担となります。

金銭管理や支出報告も、入居後、家族が

疑問をもちやすい事柄です。「重説」には「金銭管理費」あるいは「貴重品の管理」といった項目で記載されています。利用者の預貯金等を施設が預かり、金銭出納管理を行う場合にかかる費用のことです。

たいていの場合、金銭管理は希望者のみに対応するようになっています。しかし、なかには入居者全員を対象としている施設もあります。金銭管理費は、安いところでは月額数百円、高いところでは2,000円〜3,000円とさまざまです。さらに、出入金記録の写しの交付についても、その頻度は

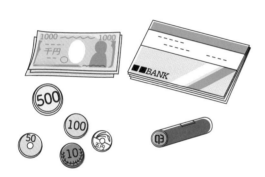

いろいろです。

これらの点はたいてい「重説」に記されています。しかし明記されていなかったり、記載と実際が異なったりする場合は、施設に問い合わせましょう【例4】。

レクリエーション・クラブ活動・外出に、費用負担が必要な場合も少なくありません。例えば茶道クラブの和菓子代、華道クラブの活け花代、行楽地への交通費・入場料、一泊旅行の旅費・宿泊代金などです。

参加するか否かは、費用のことがあるので家族が決めている場合が大半ですが、こうした楽しみごとは利用者の「生活の張り」につながります。それだけに、経済的に可能であれば、できるだけ参加の機会を提供したいものです。

なお、「同窓会に出席する」「墓参りをする」「コンサートに参加する」といった個別外出に関しては、所要時間や移動距離によって、外出料金を定めている施設もあるので確認しておきましょう。

【例4】

貴重品の管理

　　入所者の希望により、貴重品管理サービスが利用可能です。

○管理する金銭の形態：施設指定の金融機関に預け入れている預金

○お預かりするもの：上記通帳と金融機関へ届け出た印鑑、年金証書

○保管管理者：施設長

○出納方法：預金の預け入れ及び引出しが必要な場合、指定の依頼書を保管管理者へ提出していただきます。保管管理者は出入金の都度、通帳へ出入金を記録します。又、3か月に1度、その写しを入所者に交付します。

○利用料金：月1,500円

🔍 ココを見る！

この施設の場合、預り金の管理は希望者のみで、出入金の報告は「3か月に1回」、管理費は「月額1,500円」であることがわかる

入居後も手元に置いて〈2〉
確認しておきたい入院時や
外泊時の対応と費用

　施設で暮らしている利用者は、病気やケガで入院することも少なくありません。「重説」には、そうした場合の居室の確保と費用についても記載されているはずです。

　ただし、記載箇所が、「施設を退所していただく場合」の「（2）事業者からの申し出により退所していただく場合」の後に記されていることが多く、気づきにくいかもしれません。

　また、施設によっては記載がなかったり、「所定の利用料金」といった抽象的な表現のみで、具体的な金額等が記述されていなかったりすることもあります。そのような場合は施設に確認し書面でもらうようにした方がよいでしょう【例5】。

　基本的には、①入院した日の翌日から6日間以内（連続して7泊、月がまたがる場合は12泊）の場合、②7日間以上3か月以内の場合、③3か月を超える場合、について、それぞれの対応が記されています。

　①の場合、退院後、優先的に施設に戻ることができますが、通常の居住費（「利用者負担段階」第1〜第3段階の人は負担軽減あり）に加えて「外泊時費用」の負担が必要です。

　「外泊時費用」とは、施設が居室（ベッド）を当該利用者に確保するために算定しているものです。この費用は246単位と決めら

れていて、施設の所在地によって金額は若干異なりますが、おおよそ1日260円前後（1割負担の場合）です。

　「外泊時費用」はすべての利用者に適用されます。また、この費用は入院だけでなく、帰宅や旅行などで外泊した場合においても算定されます。

　ただし、居室（ベッド）を、入院中ショートステイ（短期入所生活介護）の人に活用することに同意していた場合、実際にショートステイで使用された日数についての「外泊時費用」および居住費の負担は必要ありません。

　②の場合も①と同様、退院後優先的に施設に戻ることができます。この期間、「外泊時費用」はかかりません。ただし、施設に支払う居住費は「利用者負担段階」第1〜第3段階の人であっても負担軽減は適用されず、「利用者負担段階」第4段階の場合の金額となります。

　第4段階の人の居住費は施設によって費用設定が異なります。基準費用額を適用している施設もあれば、それより高い金額のところもあります（P30〜31）。

　入院中ショートステイに使用された日数については①と同様、居住費を負担する必要はありません(注)。

　なお、当該利用者の退院が予定よりも早まり、施設に戻ってきたものの、入院前に使っていた居室（ベッド）をショートステイの人が利用している場合もあります。しばらくの間は他の居室（ベッド）を利用することになりますが、この場合の居住費

は、通常の居住費（「利用者負担段階」第１〜第３段階の人は負担軽減あり）です。

　③の場合はいったん契約解除となります。とはいえ利用者の多くは、退院後再び同じ施設に戻ることを希望します。こうした場合、空きがなければ、しばらくの間ショートステイを利用して入居の順番を待つという方法で対応することが一般的です。

　いずれにしても、利用者や家族のなかには「退院後、戻る場所はあるのだろうか」と心配になる人も少なくありません。入院

が決まった段階で、施設から利用者・家族に改めて入院時の対応について説明があるでしょうが、不安を和らげるためにも、居室の確保や費用について家族がすみやかに「重説」に目を通して把握し、疑問点があれば早めに施設に確認しましょう。

（注）個室ユニット型施設の場合、各居室は利用者によって思い思いの空間となっているため、ショートステイには貸し出しにくい場合があります。そのため入院期間の①②を問わず、居室を確保することを目的に、入院期間中も居住費を利用者が負担するよう定めている施設もあります。

Q ココを見る！

わかりにくい表現なので誤解を招くことも。①②の場合、居住費がいくらになるのか、具体的に確認しておきたい。

【例5】
※ 病院等に入院された場合の対応について （契約書第●条参照）

当施設に入所中に、医療機関への入院の必要が生じた場合の対応は、以下の通りです。

> ① 検査入院等、短期入院の場合
> 　１か月につき６日以内（連続して７泊、月がまたがる場合は12泊）の短期入院の場合は、退院後再び施設に入所することができます。但し、入院期間中であっても、所定の料金をご負担いただきます。（１日あたり○○円）
>
> ② 上記を超える入院の場合
> 　上記短期入院の期間を超える入院については、３か月以内に退院された場合には、退院後再び施設に入所することができます。但し、入院時に予定された退院日よりも早く退院した場合等、退院時にホームの受入準備が整っていないときには、併設されている短期入所生活介護の居室等をご利用いただく場合があります。なお、短期入院の期間内は、上記利用料金をご負担いただきます。
>
> ③ ３か月以内の退院が見込まれない場合
> 　３か月以内の退院が見込まれない場合には、契約を解除する場合があります。この場合には、当施設に再び優先的に入所することはできません。
>
> 〈入院期間中の利用料金〉
> 　上記、入院期間中の利用料金については、介護保険から給付される費用の一部をご負担いただくものです。なお、入所者が利用していたベッドを短期入所生活介護に活用することに同意いただく場合には、所定の利用料金をご負担いただく必要はありません。

重重要事項説明書の現状と課題を考える

施設で暮らす高齢者の生活を、見つめ、支える

介護保険市民オンブズマン機構大阪の介護オンブズマン活動とは

　特養などの施設の生活では、共同生活のため要望があっても言い出しにくかったり、認知症や重度の要介護状態のため、意思を伝えられなかったりすることもあります。利用者も家族も「お世話になっているから」と言いたいことを遠慮している場合も少なくありません。

　そうしたなか、「自分らしさ」を失わないで暮らすには、第三者によるサポートも必要ではないかと考え、活動しているのが2000年に誕生した介護保険市民オンブズマン機構大阪（通称、○ーネット）の介護オンブズマンです。現在約50人のオンブズマンが大阪を中心に、40か所の特養や有料老人ホームなどの介護施設で活動しています。

　オンブズマンは「告発型ではなく橋渡し役」を基本に、入居の利用者・施設と信頼関係を育み、対話をもとに異なる価値観をすり合わせ、利用者にとっても、施設にとっても、プラスとなるような対応を考えながら活動します。

　パートナーと2人で担当する施設を定期的に訪問。訪問は月1～2回、活動時間は1回2時間程度です。利用者の話し相手になりながら、思い・要望・苦情などを聴き取ります。

　着眼点は、①利用者がその人らしく暮らせているか、②自立支援について工夫と配慮が行われているか、③安心・安全が図られているか――。「ゆっくり食べさせてほしい」といった利用者の要望や、「車椅子を押すスピードが速すぎる」といった、オンブズマンが介護現場を観察して気づいた事柄を施設に伝え、生活や介護の質の向上に役立ててもらっています。

　オンブズマン活動をしていると、介護現場を見ることができるので、施設のハード・ソフト面について「見る目」を養うことができます。自分の老いや介護が必要になったときのことについて考える機会にもなります。一方、施設にとっても、オンブズマンとの話し合いを通して、新たな気づきが得られたり、検討や改善を行うきっかけになったりする場合が少なくありません。

　施設で暮らす高齢者の心豊かな生活を市民も一緒になって支えることは、自分自身が「将来利用したい」と思える施設を増やすことにもつながります。

フロアで利用者の聴き取りをするオンブズマン

重要事項説明書の現状
──30施設の比較検討

Chap 1

「重説」の現状を知るために、30施設の「重説」の記載内容を調べてみました。介護オンブズマン（以下、オンブズマンP46）が、各施設の「重説」をもとに、記載項目の有無や記載内容について主なものを調べ、比較検討を行いました。そして「利用者サイドの重説」にするために必要と思われることを「オンブズマンの目」として加えました。

なお、比較検討した「重説」は、直接施設から入手したものが17、インターネットからダウンロードしたものが13の合計30施設です。

◾ 運営法人（事業者）および利用施設の概要

❶ 運営法人（事業者）の概要

調べた項目と記載件数

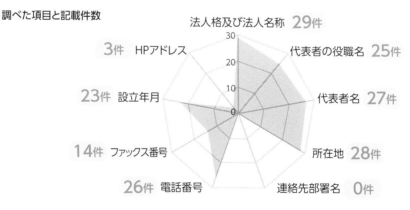

- 法人格と法人名称は大切な情報ですが、施設を経営する法人名について記載されていないところが1件ありました。
- 記載方法はさまざまであり、項目に番号を付けて羅列しているものや表形式等見やすさに差がありました。表形式（**例1**）が見やすく、わかりやすいと思われました。

（例1）　事業者の概要

事業者の名称	○○○
事業者の所在地	○○○○○○
法人の種別	○○
代表者の氏名	○○ ○○
電話番号	○○○-○○○-○○○○

●すべての施設でホームページがありますが、その有無を記載していないところがほとんどで、アドレスを記載しているのは3件だけでした。

●連絡先の部署名が記載されているところはありませんでした。電話をかければつないでもらえるので、あえて必要ではないかもしれません。しかし、聴力の弱い人のためにファックス番号は必要であろうと思われます。

◉オンブズマンの目

●読みやすくわかりやすい記載形式は表形式です。

●ホームページの有無を記載してほしいです。

●和暦では経営年数がわかりにくいので設立年月等は西暦での記載が望ましいです。

❷ 利用施設の概要

調べた項目と記載件数

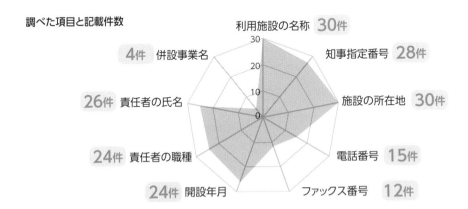

●知事指定番号を記載していないところが2件ありました。サービスを受けるのに直接必要ではないかもしれませんが、信頼度の点では必要な項目であると考えます。

●ホームページで「重要事項説明書」が見られるかどうかについて調べてみました。インター

ネットを利用する高齢者が多くなること、特養の比較にも役立つことを考えると、ホームページの有無の記載は必要であり、「重説」をホームページから直接ダウンロードできるようにすることが必要であると考えます。

● ファックス番号の記載は半数以下でした。聴力の弱い人のためにも記載が望まれます。

● 責任者の職種に管理者と記載されているところが2件ありました。管理者＝施設長と考えてよいのか不明で、利用者にとっては「施設長」と記載する方が受け入れやすいと考えられます。

● 併設事業を記載しているのは4件のみでした。実際には併設事業があるにもかかわらず記載していない施設がありました。利用者が選択する際、利用している際に、どのような併設事業があるか、情報として知っておきたいと思われます。記載が望ましいです。

> **オンブズマンの目**
>
> ● ホームページの有無の記載をし、重要事項説明書を直接ダウンロードできることが望まれます。
> ● 問い合わせにファックスが利用できるよう記載が必要です。
> ● 併設事業がある場合は記載してほしいです。

❸ 施設の目的と運営方針

調べた項目と記載件数

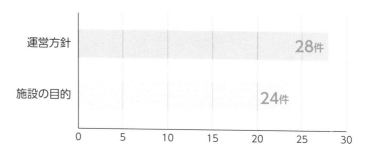

● 運営方針は28の施設で記載されていましたが、「施設の目的」については運営方針に含めて書かれているところと、区別して書かれているところがありました。

● 「施設の目的」に関する記載の文言は施設によって少し異なりますが、「介護保険法令に従い、利用者がその有する能力に応じ可能な限り自立した日常生活を営むため必要な居室および共用施設等を利用いただき、介護福祉施設サービスを提供する」という内容の

ものが多く、施設間の比較の資料にはなりにくい結果でした。

● 「運営方針」については「職員の熱い思いで地域福祉に貢献する姿勢」や「多年にわたり社会の進展に寄与した高齢者に対する敬愛の意」を掲げたものなど、独自の内容になっているものもありますが、もう少し具体的な内容を盛り込むことが望まれます。

オンブズマンの目

●運営方針は、モデル案の文言をそのまま記載するのではなく、施設が特に力を入れている点、自慢できる点等、他の施設と異なるところを強調して具体的に記載することを望みます。

居住環境の概要

❶ 施設建物の概要

調べた項目と記載件数

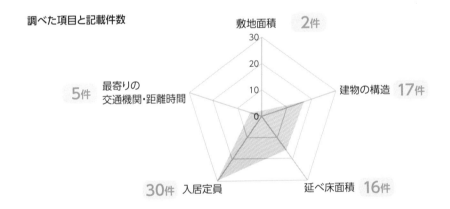

● 敷地面積を記載しているところは2件のみでした。敷地面積は庭の広さ等周りの環境を推測するうえで、パンフレットの写真等とも併せて知りたい情報です。

● 建物の構造や延べ床面積も、これから入居する施設がどのような場所であるかを推測するために記載してほしい情報です。

● 最寄りの駅や施設までの所要時間の記載は5件のみでした。見学の際、入居後の外出・家族の訪問を考えると必要な情報であり、「重説」でわかれば便利です。

●施設環境が推測できる情報（敷地面積、建物の構造、延べ床面積、最寄り駅からの距離等）については記載してほしい項目です。

❷ 居室、共用設備

調べた項目と記載件数

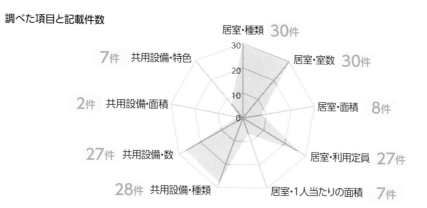

居室・種類 30件
居室・室数 30件
居室・面積 8件
居室・利用定員 27件
居室・1人当たりの面積 7件
共用設備・種類 28件
共用設備・数 27件
共用設備・面積 2件
共用設備・特色 7件

● 居室の面積の記載は8件、1人当たりの面積を記載してあったのは7件のみでした。多床室の場合も、1室の定員と面積の記載があるものは1人当たりの「面積記載あり」としました。利用者にとって個々に使える面積は重要な情報です。

● 居室内の設備の記載も必要であり、トイレや洗面台の他備え付けられているチェスト等があれば記載が望ましいです。

● 共用設備の特色の記載は7件ですが、その内容は、「浴槽の種類」「機能訓練室に設置されている機器」などでした。喫茶コーナー、売店、地域交流スペース等もあるのではないかと考えられます。

●生活の場である居室の面積は、利用者にとって大事な情報なので記載してほしいです。

●共用設備の特色は、浴槽の種類や機能訓練の機器等に限られています。利用者が楽しみにできるような喫茶コーナー、売店、地域交流スペース等の記載もあればうれしいです。

▧ 職員体制・職務別勤務体制

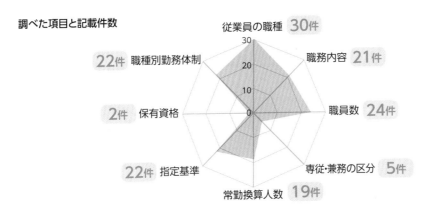

調べた項目と記載件数

- 従業員の職種 30件
- 職務内容 21件
- 職員数 24件
- 専従・兼務の区分 5件
- 常勤換算人数 19件
- 指定基準 22件
- 保有資格 2件
- 職種別勤務体制 22件

● 従業員の職種はすべての施設で記載されていましたが、職務内容や職員数、指定基準など絶対必要だと思われる項目が記載されていないところがありました。

● 職員数が記載されていても、常勤換算人数が記載されていないところが11件ありました。これでは実際に勤務している人数の予測ができません。必要な項目でしょう。

● 職種別勤務体制は22件で記載されていますが、書き方には違いがありました。（例2）のように時間帯と勤務人数を記載しているところもあれば、人数が書かれていないところもあります。また、「その時間帯の最低配置人数」だけが記されているところもありました。利用者の安心につなげるためにも各時間帯の職員数の記載が望まれます。

（例2）

職　種	勤務体制		
管理者		9：00〜18：00	○名
生活相談員		9：00〜18：00	○名
介護職員		6：00〜15：00	○名
		7：00〜16：00	○名
		11：00〜20：00	○名
		13：30〜22：30	○名
		21：30〜翌6：30	○名
看護職員		9：00〜18：00	○名
管理栄養士		9：00〜18：00	○名
介護支援専門員		9：00〜18：00	○名
機能訓練指導員	週2回	13：00〜17：00	○名
内科医師	週5回	13：00〜16：00	○名
整形外科医師	月2回	14：00〜16：00	○名

👁 オンブズマンの目

● 職員数に変更があった場合、提示や印刷物で利用者に知らせることが必要です。

● 勤務体制は、勤務時間帯と人数が確認できるような記載方法が望まれます。

● 常勤換算については、計算方法だけではなく常勤換算の意味の説明が必要です。

◤ 介護保険の給付対象サービスと利用料金

調べた項目と記載件数

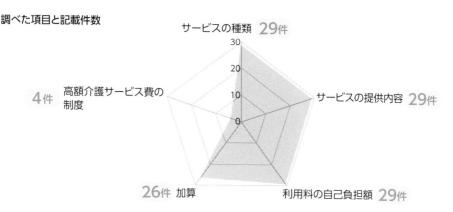

- 介護保険サービスの提供内容や利用料の自己負担額は、ほとんどの施設で記載されていますが、別紙になっているところもありました。
- 介護保険の給付対象サービスについてのサービスの種類は、29件で記載されていましたが、その種別数はかなり差がありました。また、サービス内容の記載についても差が見られました。利用者の目線で書いてほしいものです。
- 介護保険利用料の自己負担額は、要介護度、利用者負担段階、利用者負担割合の関係がわかるように記載してほしいです。表形式で書かれるとわかりやすいです。
- 加算についてはどのような加算があり、利用者の負担がどのくらいかを「重説」で説明することが必要です。
- 加算について「重説」に記載のない施設が1件ありました。別紙を見るように記載されていますが、ホームページを見ないとどのような加算があるのかわかりませんでした。
- 高額介護サービス費の制度について記載されていたのは5件のみでした。毎月の利用者負担上限額の記載は利用者の不安解消のために必要な情報です。

👁 オンブズマンの目

- サービスの提供内容では、「その人らしい暮らし」ができるように施設が力を入れている点や工夫・配慮点を具体的に記載してほしいです。看取り介護についても、サービスの有無、内容の記載が望まれます。
- 介護保険利用料は自己負担額のわかりやすい表が必要です。
- 加算についても記載と説明がほしいです。
- 高額介護サービス費の制度は、利用者に安心感を与えるためにも記載が必要です。

▨ 介護保険の給付対象外のサービスと利用料金

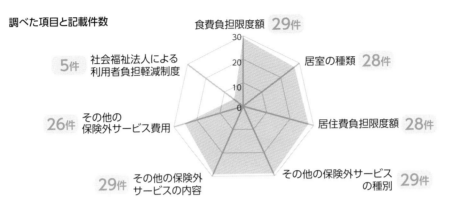

調べた項目と記載件数

食費負担限度額 **29件**
居室の種類 **28件**
社会福祉法人による
利用者負担軽減制度 **5件**
居住費負担限度額 **28件**
その他の
保険外サービス費用 **26件**
その他の保険外サービス
の種別 **29件**
その他の保険外
サービスの内容 **29件**

● 食費や居住費の負担限度額が記載されていない「重説」がありました。利用者負担段階によって負担軽減があり、支払う費用が異なることを明記する必要があります。

● 「その他のサービス内容」についての記載は、施設によって差がありました。例えば金銭管理について、実施の有無だけ記載の場合もあれば、管理の範囲や管理責任者、費用まで具体的に記載している場合がありました。

● 社会福祉法人による利用者負担軽減制度については、5件で記載されていました。制度があることだけ記載されている場合と、具体的に軽減対象者や減額割合が示されている場合などがありました。

👁 オンブズマンの目

● 利用者の所得に応じ、食費・居住費に負担軽減があることを記載してほしいです。

● 社会福祉法人による利用者負担軽減制度についても導入の有無、手続き、対象者等の説明が必要です。

● 行事やクラブ活動は利用者の楽しみにつながるので、提供サービスの内容と費用を記載してほしいです。

身体拘束の禁止・虐待防止

調べた項目と記載件数

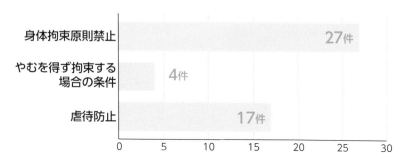

- 「身体拘束原則禁止」の記載がない施設が3件ありました。
- やむを得ず拘束を行う場合の条件を明記しているところは4件のみでした。
- 虐待防止に関する記述があった施設は17件でした。（例3）のような記載が多くみられましたが、もう少しわかりやすい説明が望まれます。

（例3）

　　当施設では、入所者の人権の擁護・虐待の防止のために、次に掲げるとおり必要な措置を講じます。
　（1）虐待防止に関する責任者を選定します。
　　　　　　責任者　　施設長　　○○○○
　（2）成年後見制度の利用を支援します。
　（3）虐待等に関する苦情解決体制を整備します。
　（4）従業者に対する虐待防止を啓発・普及するための研修を実施しています。

オンブズマンの目

- 「身体拘束原則禁止」を記載してほしいです。
- 身体拘束をしないための体制や取り組みを明記してほしいです。
- 虐待防止のための具体的な取り組みを記載してほしいです。

📐 協力医療機関

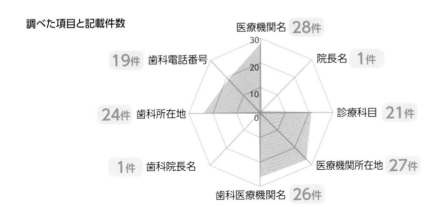

調べた項目と記載件数

- 医療機関名 **28件**
- 院長名 **1件**
- 診療科目 **21件**
- 医療機関所在地 **27件**
- 歯科医療機関名 **26件**
- 歯科院長名 **1件**
- 歯科所在地 **24件**
- 歯科電話番号 **19件**

- 協力医療機関が記載されていないところが2件ありました。最低限必要な項目でしょう。
- 複数の医療機関が記載されている施設は28件中20件でした。最も多い場合で6か所の医療機関が記載されていました。一方、1か所しか書かれていないところは9件ありました。複数の医療機関の記載が望まれます。また診療科の記載がないところも1件ありました。
- 協力歯科医療機関の記載がないところが4件ありました。高齢者にとって歯科は大切なので記載が必要です。

👁 オンブズマンの目

- 協力医療機関については複数の医療機関を記載し、診療科目も明記することが望まれます。
- 協力医療機関以外のところを利用する場合の注意事項、送迎方法（費用、送迎の条件等）、家族の付き添いの要・不要も記載してほしいです。

◤ 事故・緊急時対応

調べた項目と記載件数

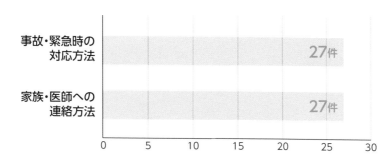

●事故や緊急時については、「どのような対応がなされるか」「家族や医師にどのように連絡するか」が具体的に記載されていることが必要です。9割の施設で記載はありましたが、その内容には差がありました。（例4）のように具体的に記載されている方が安心です。

（例4）

　サービス提供時に契約者の病状の急変が生じた場合その他必要な場合は、速やかに主治の医者又はあらかじめ事業所が定めた協力医療機関への連絡を行うとともに必要な措置を講じます。

　事故が発生した場合は速やかに市町村、契約者の家族等に連絡を行うとともに、必要な措置を講じます。

　契約者が心肺停止状態等になった場合、心臓マッサージ及びAEDによる除細動等必要な蘇生法を行い119番通報により救急搬送を行います。

●1件だけですが、緊急時・夜間等の連絡体制を明記しているところがありました。夜間に対応する部署（施設長、医師、看護師）、体調不良の利用者の対応方法など、緊急マニュアルのどおりに実行する旨が記載されていました。

●事故・緊急時対応の項目で、損害賠償に触れている施設も多くありました。

👁 オンブズマンの目

●リスクマネジメント（事故予防）についての記載が必要です。

●事故発生時の連絡先を明記してほしいです。

●「必要な措置を講ずる」という文言は、「適切な対応を行います」など利用者目線の表現にしてください。

◤ 災害時対応

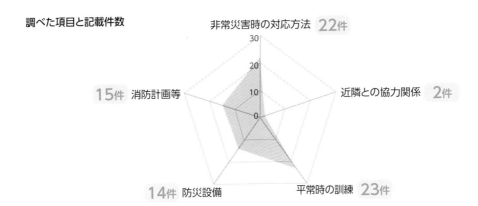

調べた項目と記載件数

- 非常災害時の対応方法 22件
- 近隣との協力関係 2件
- 平常時の訓練 23件
- 防災設備 14件
- 消防計画等 15件

- ●災害時の対応は大切な項目ですが、内容は具体性に欠けるところが多いという現状でした。
- ●防災設備がどのくらい整備されているのかが記載されている施設は半数以下でした。防災設備だけではなく、備蓄品の種類と量（〇日分）の記載も求められます。
- ●防災責任者や避難誘導マニュアルの整備も知りたい情報です。

オンブズマンの目

●災害時の対応・体制について具体的に記載してほしいです。

◤ 利用者の留意事項

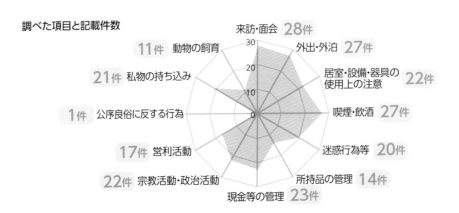

調べた項目と記載件数

- 来訪・面会 28件
- 外出・外泊 27件
- 居室・設備・器具の使用上の注意 22件
- 喫煙・飲酒 27件
- 迷惑行為等 20件
- 所持品の管理 14件
- 現金等の管理 23件
- 宗教活動・政治活動 22件
- 営利活動 17件
- 公序良俗に反する行為 1件
- 私物の持ち込み 21件
- 動物の飼育 11件

● 利用者の留意事項としては、「利用者が快適に過ごすために」というより、施設からの「注意項目」という書き方でした。

● 喫煙・飲酒に関しては27件で記載されていましたが、喫煙のみの記載が多く、飲酒について触れていないところが18件ありました。「アルコールの持ち込みができます」と記載されているところが1件ありました。

● 公序良俗に反する行為については記載が1件ありました。迷惑行為・宗教活動・営利行為等で記載してあるので特に必要はないと考えられます。

● 私物の持ち込みについては危険物、動物、大きな家具などの持ち込み禁止物が書かれています。オンブズマンとしては禁止されるものより、「持ち込んでもよいもの」の視点で書かれると、入居の楽しみができると考えます。

😊 オンブズマンの目

● 施設を利用する者が生活しやすく、豊かに生きていけるように、日常生活をサポートする視点で留意点を決めてください。

● 入居にあたってはさまざまな制限があると予測されます。できるだけ否定語や禁止語を避けて、希望がもてるような内容と記載方法を望みます。

📖 感染症予防・衛生管理

● 感染症予防・衛生管理については、食器や飲料水、医療器具等の管理や、感染症の予防や蔓延防止に努めるという抽象的なものが多いですが、（例5）のように体制等に触れたものもありました。

（例5）

「感染症又は食中毒のまん延の防止のための指針」を定め、感染症対策委員会の設置、施設内研修の実施等により、施設内の衛生管理体制を整備します。

● さらに、「厚生労働大臣が定める感染症または食中毒が疑われる際の対処等に関する手順に沿った対応を行います」と記載したところもありました。感染症予防のシステムや、発生時の対応について触れられていると安心です。

▨ 損害賠償

調べた項目と記載件数

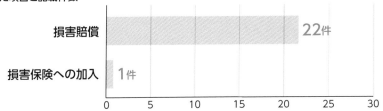

● 賠償責任について触れていない場合が8件ありました。記載方法には差がありました。多くの施設が（例6）のように記載しています。

（例6）

　当施設において、事業者の責任により利用者に生じた損害については、事業者はその損害を賠償いたします。ただし、その損害の発生について、利用者に故意又は過失が認められる場合には、利用者の置かれた心身の状況を斟酌して相当と認められる時に限り事業者の損害賠償責任を減じる場合があります。

● 〈損害賠償がなされない場合〉として、いくつかの免責要件が記載されているところがありました。そのなかの1例が（例7）です。認知症の利用者もいるなかで、この免責要件は都合よく解釈される懸念がもたれます。

（例7）　免責要件の例

　ご利用者が、事業所もしくはサービス従業者の指示及び依頼に反して行った行為にもっぱら起因して発生した損害

> **◉ オンブズマンの目**
> ●施設内で事故が生じた場合には、損害賠償制度があることを明記してください。
> ●損害賠償がなされない要件は、入居者の故意による損害以外に施設に都合のよい条件を加えないでください。
> ●損害保険に加入の有無を記載するとともに、適用対象等を明確にしてください。

◤ 退所について

記載項目と記載件数

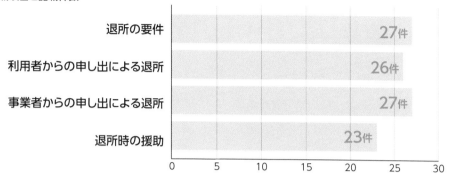

- ●契約の解除について、契約書のみに記載している場合があるようですが、「重説」を見るだけで必要なことがわかるように「重説」に記載が望まれます。
- ●利用者にわかりやすく読みやすいように、退所の要件を具体的に記載することが望まれます。
- ●退所時の援助については、7件で記載がありませんでした。他の施設や自宅に移る場合、どのような支援が得られるのか不安があります。

◤ 重説全体に対してのオンブズマンの目

- ●特養を選択するとき、また入居後必要なことを確認するとき、「重説」が手元にあれば役立つ内容にしてほしいです。
- ●「重説」は契約したい特養を探すのに大切な情報です。施設の特徴がよくわかるような内容を盛り込んでください。
- ●目次があると必要な項目を迅速に見ることができるので、必要であると考えます。
- ●読みやすく、わかりやすい文字、文章、形式を工夫してください。

オンブズマンが提案する重要事項説明書モデル案

5つのこだわりをカタチに わかりやすく具体的に

Part 2 Chap1（P47〜61）で見てきた「重説」の現状と「オンブズマンの目」を踏まえ、利用者サイドにもっとわかりやすいものにするために、O−ネットではモデル案を作成しました。そして、このモデル案を『O−ネットモデル案』と名付けました。

『O−ネットモデル案』の主な特徴は次の点です。

①見やすく表形式にした
②記載項目の構成を組み換え、「付属文書」をなくした
③行政用語を避け、わかりやすい言葉・表現にした
　例えば　入所、入所者⇒入居、入居者
　退所⇒退居　と表記
④施設の特徴や具体的な取り組みがよくわかるような情報・内容を盛り込んだ
⑤利用者サイドに必要な情報を明記した

以下、『O−ネットモデル案』をご紹介しましょう。　　　　は提案にあたっての意見や思いです。なお、モデル案の施設は、入居者100人、個室と多床室がある従来型施設をイメージしています。

● 目次

> 「目次」は、確認したい項目を見つけたり素早く開いたりするのに便利。必ず必要です

① 経営母体

> 「施設経営法人」と表記している「重説」もありますが、施設の「もととなる団体」を意味するうえで「経営母体」の方がわかりやすいと考えました

法　人　名	社会福祉法人　快娯会
所　在　地	〒000－0000　　○○県△△市◇◇町3丁目2番34号
連　絡　先	電話番号○○－○○○－○○○○ ファックス番号○○－○○○－○○○○
代　表　者　名	理事長　浪速　太郎
設　立　年　月　日	2001年10月1日
ホームページ	有り　　http://www. kaigokai.jp

> 西暦表示にしました

> ホームページの有無とアドレスも必要な情報です

❷ 施設概要 ◀──── 介護老人福祉施設の目的に則って開設し指定を受けているので「施設の目的」を特に記す必要はないと考え割愛しました

施設の種類	指定介護老人福祉施設	
介護保険事業者番号	○○県指定　3000000000号	2002年11月1日 ◀
施設の名称	特別養護老人ホーム　平和苑	
施設の所在地	〒000−0000　○○県△△市◇◇町5丁目3番2号	
最寄り駅	JR◇◇◇◇駅から650m・徒歩10分 ◀	
連絡先	電話番号○○−○○○−△△△△ ファックス番号○○−○○○−△△△△	
施設長名	中道　護	
開設年月日	2003年4月1日 ◀	
入居定員	100人	
利用対象者	原則として要介護３以上	
運営方針	・個々の利用者の身体状況を把握し、各人に応じた介助を行います。 ・「褥瘡をつくらない」を合言葉に、体位変換・栄養補給などきめ細かな介助に努めます。 ・選択の機会、決定の機会を様々な生活の場において設けるように努めます。 ・生活に楽しみの要素を多く取り入れ、個人の好みを重視して施設の暮らしが楽しめるよう快適な空間を作ります。	

第三者評価受審状況	受審の有無	あり	評価機関名	○○○評価機関
	直近の受審年月日	2018年5月15日	開示状況	WAMネット※で公表

併設事業	通所介護（デイサービス）、短期入所生活介護（ショートステイ）

※独立行政法人 福祉医療機構の情報サイト

利用者サイドには必要な情報と考え、記載しました

西暦表示にしました

併設事業も明記しました

2018年度から明記することになっています。施設のサービス内容や課題を知るうえで役立ちます

施設の介護上の"こだわり"や"めざすもの"について、利用者サイドにわかりやすく具体的に記しています

❸ 建物と設備の概要

建物の構造	鉄筋コンクリート造、地上3階建
敷地総面積	○○○○㎡
延べ床面積	△△△△㎡

居室の設備も把握できるよう記載しました

設備関係			室数	備考
居室	個室		10	ベッド、チェスト、ケアコール、洗面・トイレ、エアコン、1室18㎡
	多床室	2人部屋	15	ベッド、チェスト、ケアコール、エアコン、1人当たりの面積15㎡（平均）、洗面・トイレ共用
		4人部屋	15	
食堂			3	各階に設置（各　125㎡）
浴室			4	一般浴2（2階、3階に設置） 機械浴室（2階、3階） 個浴2、リフト浴1、ストレッチャー浴2
機能訓練室			1	1階に設置、平行棒、上肢運動機器
静養室			2	1階に設置
医務室			1	1階に設置
相談室			1	1階に設置
共用スペース				多目的室1（3階）、喫茶コーナー1（1階）、売店1（1階）、ウッドデッキ1（2階）、庭園（1階）
特記事項				・1人当たりの居室面積は基準（10.65㎡）以上の広さを確保しています ・毎日利用できる喫茶コーナーがあります ・緑豊かな庭園やウッドデッキで散策や外気浴も楽しめます

「指定基準」の必置設備だけでなく、共用スペースなど利用者にとって施設での生活を前向きにイメージできる設備環境も掲載しました

❹ 職員体制

（1）職員の配置状況

> 職種についてわかりやすく説明するとともに、どんな職種の職員が何人いるかがすぐにわかるよう一覧表にしました

職　種	職務内容	当施設配置人数 （常勤換算※1）	指定基準※2に 基づく配置人数
施設長	施設の業務全般の責任者として運営管理にあたります	1人	1人
介護職員	食事・入浴・排泄・衣服の着脱・移動など、利用者の日常生活の介助を行います	46人	31人以上
看護職員	利用者の健康管理や服薬管理にあたり、必要に応じて医療処置も行います	4人	3人以上
生活相談員	入退居の手続きや、利用者・家族の相談に応じます	2人	1人以上
機能訓練指導員	利用者の身体機能の低下を防ぐための機能訓練や、拘縮（関節が硬くなり動きにくくなること）の予防・緩和にあたります	1人	1人以上 （兼務可）
介護支援専門員 （ケアマネジャー）	利用者のケアプラン（施設サービス計画）の作成・変更、ケアカンファレンスの運営、ケアプランに基づく介護職員への指導等を行います	1人	1人以上 （兼務可）
医師	利用者の健康管理や療養上の指導、診断書や処方箋の作成にあたります	2人 （嘱託）	必要数 （非常勤可）
管理栄養士	献立の作成、食事形態の工夫、嗜好調査や栄養摂取量の把握などを通して、食事管理・栄養管理を行います	1人	1人
事務員	施設の庶務・会計事務にあたります	2人	適当数

※1 常勤換算：「各職員の1週間の勤務時間の総数」÷「常勤職員の1週間の所定勤務間数（例えば週40時間）」で算出される数（人数）をさす。常勤職員とは、正規・非正規を問わずフルタイムで働く者のことをいう。例えば週20時間勤務の非常勤職員が4人いても常勤換算では2人となる。20時間×4人÷40時間＝2人

※2 指定基準：介護保険法に基づいて省令で定められた「指定介護老人福祉施設の人員、施設及び運営に関する基準」のこと。配置すべき職種や人数についても定められている。

> 「常勤換算」だけでなく、「指定基準」についても説明を加えました

（2）主な職員の勤務時間と配置人数（標準的な時間帯の場合）

職　　種	勤務時間		配置人数
施設長	9：00〜18：00		1人
介護職員	早出	7：00〜16：00	6人
	日勤	9：00〜18：00	12人
	遅出	11：00〜20：00	6人
	夜勤	16：00〜10：00	5人
看護職員	日勤1	8：00〜17：00	2人
	日勤2	10：00〜19：00	1人
生活相談員	9：00〜18：00		2人
介護支援専門員	9：00〜18：00		1人
機能訓練指導員	9：00〜18：00		1人
医師	月〜金	14：00〜16：00	1人
	土	15：00〜16：00	1人

❺ 提供するサービス内容

> 「提供するサービス内容」は「利用料金」と同じ項目のなかに入っている「重説」も多くありますが、わかりにくいので別立てにしました

項　目	内　　　容
食　事	・食事時間 　　朝食7：00〜8：30　昼食11：30〜13：00　夕食18：00〜19：30 ・選択食を提供します 　　朝食：パン、ご飯、粥　　昼食の主菜：肉料理か魚料理 ・普通食・ミキサー食・きざみ食・ソフト食・代替食などを提供します ・できるだけ自分で食べられるように使いやすい食器を準備します ・テーブルと椅子の高さの調整など食事環境に配慮し、食べやすさを考えます ・食事介助・食事提供を利用者の心身の状況に合わせて行います
入　浴	・週2回、入浴または清拭を行います ・健康状態等を考慮し、入浴日以外でも入浴や清拭に努めます ・一般浴・個浴・リフト浴・ストレッチャー浴の中から適切に選択します ・希望者には同性介助を行います ・身体状況に応じてマンツーマンの介助を実施します

> 羞恥心に配慮した対応の有無も重要な情報です

> 選択食の有無や、食事提供で基本としていることを具体的に記しました

項　目	内　　容
排　泄	・定時介助のほか、随時介助にも対応します ・排泄パターンを把握し、可能な限りトイレ誘導を行います ・利用者の尊厳や羞恥心、プライバシーに配慮した介助・対応を心がけます
機能訓練	・利用者の心身の状況に応じて必要な機能訓練を行います ・ゲーム等を通してのリハビリ以外に立位の練習や拘縮防止の運動・マッサージなどを個別に実施します ・リハビリに対する利用者への意識付けや働きかけに配慮します ・毎日食事の前に、誤嚥を防ぐための口腔体操を実施します
健康管理	・年に各１回健康診断・歯科検診を実施します ・週に２回嘱託医の回診があります ・必要な場合は本人・家族に連絡の上、速やかに医療機関への通院または入院につなげます
移動・移乗	・座位姿勢や身体状況に合わせ、適切な車いすや移動機器を提供します（モジュール型車いす・ティルト式リクライニング車いす・杖・歩行器など） ・車いすは移動手段として使用し、車いすに長時間座ることがないよう努めます ・３ヶ月に１回、安全に使用できるよう移動機器の点検・調整を行います
楽しみの提供	・個々の利用者に応じた楽しみを提供するよう努めます ・季節の変化を感じることを大切にし、外気浴や散歩を実施します ・年に６回行事（花見、夏祭り、敬老会、音楽会等）を実施します ・生け花、書道、陶芸等のサークル活動を実施します ・クイズ大会、「みんなで歌おう会」などのレクリエーションを実施します ・毎月お誕生会を実施します ・地域の保育園との交流があります ・ボランティアによる喫茶コーナーを開設します
その他の自立への支援	・生活リズムを考え、朝夕の着替えを支援します ・洋服は可能な限り自分で選択できるよう支援します ・寝たきりを防ぐために離床に配慮します ・清潔で快適な生活が送れるように、身だしなみを整えるよう配慮します
リネン交換・洗濯・居室の清掃等	・週に１回、シーツ、枕カバー、包布を交換します ・洗濯物は利用者ごとに袋に入れて対応し、間違いのないよう努めます ・週に２回、居室の清掃を居室担当の介護職員が行います

羞恥心に配慮した対応の有無も重要な情報です

アクティビティも具体的に記載しています

「移動・移乗」「楽しみの提供」「リネン交換・洗濯・居室の掃除等」も利用者にとって知っておきたい重要なサービスであるため加えました

項　目	内　　　容
看取り	・利用者・家族から希望がある場合、終末期の利用者に施設で最期を迎えられるよう、苦痛の緩和と精神的支えを中心とした介護を行います
ケアプランとケアカンファレンス	・入居時、ケアマネジャー（介護支援専門員）が利用者または家族に要望や生活上の課題を聴き取り、ケアプラン（施設サービス計画書）の原案を作成します。介護支援専門員・介護職員・看護職員などで構成するケアカンファレンス（サービス担当者会議）を経て、利用者または家族の同意のもとケアプランを決定します ・ケアプランの変更・見直しについては、利用者の心身の状態に変化があるときはその都度行います。また、変化がない場合でも、6か月を目安に行います ・ケアプランの変更・見直しにあっては、利用者や家族にモニタリングを行います。またケアカンファレンスにおいても利用者や家族と一緒に協議し、書面にて変更内容の確認・同意を行います

「看取り」「ケアカンファレンス等」も利用者にとって知っておきたい重要なサービスであるため加えました

⑥ サービス利用料金

（1）介護保険の対象となるサービスの場合

　介護保険の対象となるサービスは、下記の①施設サービス費と②加算です。所得に応じ1～3割が自己負担となります。なお、介護保険の給付額変更に伴い、お知らせのうえ、利用料金を変更することがあります。ご承知おきください。

【利用者負担割合】

単身世帯の場合の年金収入等	夫婦世帯の場合の年金収入等	負担割合
340万円以上	463万円以上	3割
280万円以上340万円未満	346万円以上463万円未満	2割
280万円未満	346万円未満	1割

※65歳未満、住民税非課税、生活保護受給の方は1割負担です

収入と負担割合について確認できるよう記載しました

① 施設サービス費

	1割負担の場合	2割負担の場合	3割負担の場合
	月額（日額）	月額（日額）	月額（日額）
要介護1	16,710円（557円）	33,420円（1,114円）	50,130円（1,671円）
要介護2	18,750円（625円）	37,500円（1,250円）	56,250円（1,875円）
要介護3	20,850円（695円）	41,700円（1,390円）	62,550円（2,085円）
要介護4	22,890円（763円）	45,780円（1,526円）	68,670円（2,289円）
要介護5	24,870円（829円）	49,740円（1,658円）	74,610円（2,487円）

ここでは例として地域区分1単位10円の場合の料金を記載しました

加算についての説明も加えました

②加算

　基準で定められている以上のサービス内容や職員配置を提供している場合に上乗せされる介護サービス料金です。加算には、利用者全員を対象にするものと、個人を対象にするものがあります。当施設では次の加算を取っています。

この施設で取っている加算の種類と内容、1割負担の場合の金額を一覧表にして確認しやすくしました

加算の種類	内　　容	1割負担の月額（ ）は日額
初期加算 （対象：個人）	入居日から30日以内に限り加算されます。また30日を超える入院後、再び入居した場合も加算されます	900円（30円）
栄養マネジメント加算 （対象：全員）	常勤の管理栄養士を1人以上配置し、栄養バランスや個々の利用者の食べやすさに配慮した食事を提供しています。定期的な記録・評価・見直しも行っています	420円（14円）
個別機能訓練加算 （対象：全員）	機能訓練指導員を常勤・専従で1人以上配置し、個々の利用者に対応しています。計画書の作成・記録・評価も行っています	360円（12円）
日常生活継続支援加算 （対象：全員）	介護福祉士の数が利用者6人に対して1人以上います。また要介護4・5の利用者を7割以上受け入れています	690円（23円）
看護体制加算Ⅰ （対象：全員）	常勤で正看護師を1人以上配しています	120円（4円）
看護体制加算Ⅱ （対象：全員）	利用者25人に1人看護職員を配置し、かつ基準を1人上回る配置となっています。また24時間の連絡体制を確保しています	240円（8円）

加算の種類	内　容	1割負担の月額 （　）は日額
夜勤職員配置加算 Ⅰ（対象：全員）	夜間職員を、基準となる職員数（利用者25人に対して1人）に加えて1人以上配置しています	390円（13円）
看取り介護加算Ⅰ （対象：個人）	医師の医学的知見に基づき回復の見込みがないと判断した場合、本人・家族の同意を得て看取り介護を行います	死亡日30日前より算定 （1日80円～1,280円）
口腔衛生管理体制加算（対象：全員）	歯科医または歯科医の指示を受けた歯科衛生士が、月1回以上介護職員への指導を行っています	30円（ー）
認知症専門ケア加算Ⅰ（対象：全員）	認知症ケアについて専門研修を受けた認知症介護実践リーダー研修修了者を5人以上配置しています	90円（3円）
褥瘡マネジメント加算（対象：全員）	褥瘡発生を防ぐため、入居時および3か月に1回チェックを行っています。また褥瘡の発生リスクが高い利用者には褥瘡ケア計画を作成して防止に努めています	10円（ー）
介護職員処遇改善加算Ⅰ（対象：全員）	介護職員の役職や職務内容に応じた任用要件と賃金体系を整備するとともに、福利厚生など賃金以外の職場環境も整え、介護職員の定着に努めています	1か月の各利用者の総単位数に8.3％を乗じた費用の1割

★負担の軽減（高額介護サービス費）

　介護保険の対象となるサービス料金には、所得区分に応じて「負担上限額」が設けられています。これにより、施設介護サービス費と加算の合計月額が下記の金額を超えた場合、自動的に払い戻されます。負担軽減を受けるには、入居後、△△市に申請が必要です。

> 介護保険の対象となるサービス料金の負担軽減について、一覧表も交えて説明しています

【利用者負担段階と負担上限額（月額）】

第1段階	15,000円	生活保護受給者		
		老齢福祉年金受給者		
第2段階	15,000円	年金収入等が80万円以下の人	住民税非課税世帯	配偶者も住民税非課税であり、預貯金等が単身で1,000万円、夫婦で2,000万円以下であること
第3段階	24,600円	年金収入等が80万円を超える人		
第4段階	37,200円	住民税課税世帯で、年金収入280万円未満の人（2017年8月から3年間の時限措置）		
	44,400円	住民税課税世帯で上記以外の人		

（2）介護保険の対象とならないサービス

以下のサービスは介護保険に含まれないため全額が利用者負担となります。

①食費・居住費（原則自己負担）

食　費（日額）		1,380円
居住費（日額）	従来型個室	1,150円
	従来型多床室	840円

★負担の軽減

　食費・居住費は「利用者負担段階」に応じて負担限度額が設けられており、第1～3段階の方には下記の金額が適用されます。負担軽減を受けるには、△△市に「負担限度額認定」の申請が必要です。

【第1～第3段階の方の負担限度額】

		第1段階	第2段階	第3段階
食　費（日額）		300円	390円	650円
居住費（日額）	従来型個室	320円	420円	820円
	従来型多床室	0円	370円	370円

> 居住費に関することなので、「退居」の項目ではなく、居住費の関連で記載しました

★入院・外泊等の場合の居室の確保と費用

①	検査入院など6日間以内の短期入院や外泊の場合	その後の継続利用	可能
		不在期間中の居住費（日額）	通常の居住費を負担 ※利用者負担段階第1～第3段階の方は負担限度額（上記参照） ※第4段階の方は個室の場合1,150円、多床室の場合840円
		不在期間中のその他の費用（日額）	外泊時費用246円を負担
		ショートステイに居室を活用した場合	活用した日数に限り、居住費・外泊時費用の負担なし
②	7日以上3か月以内の入院の場合	その後の継続利用	可能
		入院期間中の居住費（日額）	個室の方は1,150円、多床室の方は840円を負担 ※利用者負担段階第1～第3段階の方であっても負担軽減なし
		入院期間中の他の費用（日額）	なし
		ショートステイに居室を活用した場合	活用した日数に限り、居住費の負担なし
		退院が早まり他の居室を利用する場合	通常の居住費　※上記①参照
③	3か月以内の退院が見込まれない場合	その後の継続利用	困難で契約解除の可能性あり

★社会福祉法人による負担軽減

　当施設には社会福祉法人による利用者負担の軽減制度があります。施設介護サービス費1割の利用者負担分と食費および居住費の合計額の1/4が減額されます。老齢福祉年金受給者の場合は1/2が減額されます。ただし、この制度を受けるには、住民税非課税、単身世帯で年金収入150万円以下（2人以上の世帯の場合1人につき50万円を加算）などの要件があります。詳細については当施設の生活相談員にお尋ねください。

> 社会福祉法人による負担軽減についても制度があることを記載し説明しています

②その他の主な料金

下記項目については、利用された場合、個別に費用が必要です。

費用の種類	内容	利用料金
理容・美容代	月2回、理容師または美容師の出張サービスがあります。調髪・顔そり・毛染め・パーマ等に対応します	カット1,500円（税別）パーマ5,300円（税別）　　　　　　　　　　など
日常生活用品費	歯ブラシ・歯磨き粉・ティッシュなどの消耗品や身の回りの物品の購入にかかわる費用です※おむつ、ポータブルトイレ、食事用エプロン、寝具類、車椅子等は介護保険サービスに含まれているため、費用はかかりません	実費
レクリエーション・クラブ活動費	外出時の入園料・観覧料、クラブ活動等の諸費用です	実費
金銭管理費	日々の買い物などの小口金額の出し入れから通帳の預かり管理まで、金銭の出納管理を行う場合にかかる手数料です●対象　希望者のみ●お預かりできるもの　　預貯金貯金通帳・通帳印　　年金証書（必要に応じ）●保管者　施設長・事務長●保管者は出入金のつど、出入金記録（個人出納台帳）を作成し、その写しを毎月利用者または家族にお渡しします	1,000円／月
テレビ・ラジオの使用	テレビ・ラジオなど電気機器の使用にあたり、電気代がかかります。なお、テレビは持ち込みの他、レンタルも可能です	電気使用料500円／月テレビレンタル料　　　　　3,000円／月
コピー代	サービス提供記録など書類等のコピーについては実費をいただきます	10円／枚

⑦ 協力医療機関と協力歯科医療機関

　下記の協力医療機関で診療や治療を受けることができます（協力医療機関での診療・治療を義務付けるものではありません）。協力医療機関への通院・入退院の送迎は介護保険サービスに含まれるため費用はかかりません。協力医療機関以外を利用する場合は、原則として家族の送迎が必要です。

> 医療機関への送迎の有無や費用についても明記しました

（1）協力医療機関

医療機関名	医療法人平和会愛育病院
所在地	〒000－0000　　○○県△△市◇◇町3丁目2番34号
電話番号	電話番号　　　　－　　　　－
診療科目	循環器内科、呼吸器内科、整形外科、心療内科、皮膚科、泌尿器科

医療機関名	医療法人恭安会平成病院
所在地	〒000－0000　　○○県□□市◇◇町
電話番号	電話番号　　　　－　　　　－
診療科目	内科、外科、整形外科、耳鼻咽喉科、眼科

医療機関名	愛アイクリニック
所在地	〒000-0000　　○○県□□市◇◇町
電話番号	電話番号　　　　－　　　　－
診療科目	眼科

> 複数の協力医療機関があると安心です

> 内科だけでなく、他の診療科も受診できることがわかれば心強いです

（2）協力歯科医療機関

医療機関名　町田歯科医院	
所在地	〒000-0000　　○○県□□市●●町
電話番号	電話番号　　　　－　　　　－

8 **施設利用の留意点** ━━━━━

> 「禁止事項」といった上から目線のスタンスではなく、「安全・快適に過ごすために」というスタンスでまとめました

安全・快適に過ごしていただくために下記の事項にご留意ください。

項　目	内　　容
私物の持ち込み	持ち込みできるもの 　限られたスペースに入るもの、自身で管理ができるもの、人に迷惑をかけないもの（危険物、騒音・異臭など共同生活上問題となるもの以外）。詳しくはご相談ください
面会	面会時間は、原則として9：00〜20：00としています。必要な場合には時間外でも面会可能です 来訪者は事務所で面会者ノートにご記入ください
外出・外泊	前日までに行き先と帰苑時刻、食事の有無をお知らせください やむを得ない場合には当日に届けていただいても結構です
食事不要	外食・外泊等で食事が不要の場合、前日までに申し出があればその分の食費はかかりません
食品の持ち込み	健康上の問題が生じる場合がありますので、職員にご相談ください
喫煙・飲酒・ し好品	喫煙は所定の場所（喫煙室）でお願いします 飲酒は他の利用者の迷惑にならない範囲でお願いします
宗教・政治活動	利用者本人の信仰・信条は自由ですが、他の利用者への宗教・政治活動の勧誘等はお控えください
営業・営利活動	お控えください

> 利用者サイドに立ち、「持ち込み禁止」というとらえ方ではなく、「持ち込んでよい物」を記載するようにしました

> 宗教・政治活動・営利活動を「禁止」としている「重説」が多くみられますが、「個人の信条の自由」を確保する一文はほしいと考えました

❾ 施設の義務

当施設では利用者にサービスを提供するにあたり、以下（1）～（7）を守ります。

> 大切な事柄ばかりなので（1）～（7）を「施設の義務」と位置づけました。また、取り組み内容を具体的に明記しました

（1）身体拘束の禁止

身体拘束による弊害と悪循環を断つため、緊急やむを得ない場合を除き、身体拘束及び利用者の行動を制限する行為は行いません	
身体拘束をしないための取り組み	①多職種で構成する「拘束廃止検討会」で身体拘束を防ぐための取り組みを整備し、「身体拘束ゼロ宣言」を行っています ②職員へ周知徹底を図る他、家族にもわかりやすく説明します ③毎月「拘束廃止検討会」を開催し、ケース検討を行い、ケアや設備面などハード・ソフトの両面における対策を考えます ④職員・家族への啓発研修を実施します。職員は外部研修にも参加させます
緊急やむを得ない場合とは	下記の3つの要件をすべて満たす場合です 1　切迫性　：生命身体に危険が及ぶ場合 2　非代替性：拘束以外の介護方法がない場合 3　一時性　：行動制限を一時的なものに限る場合
やむを得ず拘束を実施する場合の手続き	①利用者・家族に説明し、同意を得ます ②「身体拘束に関する説明書・経過観察記録」に、緊急やむを得なかった理由、拘束の内容、拘束の時間帯や期間等を記録します ③「拘束廃止検討会」で改善方法を検討します。また、拘束の必要がなくなれば速やかに解除します

> やむを得ない場合の3要件を明記しています

（2）虐待の防止

利用者の人権を守り、虐待は行いません	
虐待を防止するための取り組み	①「虐待防止委員会」を設置するとともに、虐待防止のための規定を整備しています。責任者：施設長 中道　護 ②「虐待防止委員会」でケース検討を行い、防止に努めます。 　万が一、虐待が起こった場合は速やかに△△市に通報し、適切な対応にあたります ③家族など養護者による虐待の恐れを防ぐため、成年後見制度の利用支援につなげます ③施設内外の研修により、職員の人権意識の向上、専門知識、技術の向上を図ります ④職員が気軽に相談できるよう、職員同士が相互に支えあえる体制づくりをめざします ⑤家族・ボランティア・地域住民など外部の人々が気軽に足を運べる風通しのよい施設づくりをめざします

（3）事故の防止

アセスメントをもとに、利用者の自立を最大限生かしつつ、リスクマネジメント（事故予防）に努めます	
事故防止のための取り組み	①事故防止のための指針や安全確保の方法、事故発生時の対応などについてマニュアルを整備し、職員に周知しています ②「リスクマネジメント委員会」で、事故予防の協議・検討を行います ③事故事例の収集・分析を行い、職員への研修を定期的に行います
万一、事故が発生した場合の対応	①速やかに必要な対応を行うとともに、医療機関、家族、市町村等、関係各所に連絡を行います ②事故状況及び前後の対応を記録するとともに、原因分析と改善策を検討・実施し、再発防止に努めます ③賠償すべき事故の場合は損害賠償を行います

（4）災害時の対策

火災・地震・風水害などの非常災害に備えて迅速適切な対応に努めます	
災害に備えての取り組み	①防災計画を整備し、防災責任者を定めて、避難経路や誘導、安否確認方法などを職員に周知しています ②夜間想定を含め年2回、近隣地域との連携・協力のもと、消防訓練を実施します ③防災訓練を実施するとともに、利用者・職員を併せ3日分の水・食料・医薬品を備蓄します

備蓄についても記載しました

（5）感染症や食中毒の防止・衛生管理

利用者に提供する食事・食器、その他の設備等について衛生的な管理に努め、感染症や食中毒の発生予防に努めます	
感染症等を防ぐための取り組み	①「感染症防止委員会」を設置し、食中毒も含め、予防策と発生時の対策を整備しています ②利用者はもちろん、職員の健康管理についても日常的に把握するよう努めます。また、来館者には手洗いや手指消毒を呼びかけます ③内部研修で職員への周知徹底を図ります

（6） 守秘義務と個人情報の保護

施設及びすべての職員は、サービス提供をするうえで知り得た利用者及びその家族に関する情報を、正当な理由なく第三者に漏らすことはしません。この守秘義務は契約終了後も同様とします

守秘義務と個人情報保護のための取り組み	①「個人情報保護法」及び「医療・介護関係者における個人情報の適切な取扱いのためのガイダンス」を遵守し、記録の保管・保存・廃棄・情報提供に関する規定および記録管理の責任者を定めています ②職員には雇用期間中及び退職後も利用者・家族の秘密を保持する旨を雇用契約に記載するとともに、教育・研修を行います

（7） サービス提供に関する記録の開示

施設は提供したサービス内容を記録します。利用者・家族等がサービス記録の開示を希望する場合は随時、その複写物を交付します。サービス記録は、そのサービスの提供日から5年間施設で保管します（※国の基準は2年間となっています）

記録の開示に関する具体的内容	①開示請求できることを利用者・家族等に説明しています ②主たる介護者以外の親族から開示請求があった場合も含め、開示請求の際の対応方法を規定し、対応方法を職員にも伝えています ③開示の結果、情報の訂正、追加、削除を求められた場合は、すみやかに調査を行い、利用目的に必要な範囲内で訂正等を行います

⑩ 緊急時の対応

当施設では、緊急時に迅速に対応できるよう緊急マニュアルを作成しています。利用者の病状・容態が急変した場合、あるいは事故が発生した場合、家族等および関係機関へ速やかに連絡し、適切な対応を行います。

⑪ 損害賠償

サービス提供時等の事故によって、利用者の生命、身体、財産等に損害が発生した場合は、速やかに必要な対応を行い、損害については賠償を行います。守秘義務に違反した場合も同様です。またその原因を究明し、再発防止の対策を講じます。

当施設では、○○損保会社の損害保険に加入しております。

> 利用者に不利な免責要件は法的に無効なので付加していません。損害保険の加入の有無も明記しました

⑫ 退居について

当施設では、契約が終了する期日は特に定めていません。したがって利用者は継続してサービスを利用することができます。ただし、以下のような場合には退居していただくことになります。

①利用者が死亡した場合
②利用者が自立または要支援と判定された場合
③母体となる法人が解散・破産、施設を閉鎖した場合
④施設が災害等の損傷により使用できなくなった場合
⑤施設が介護保険の指定を取り消されたり、指定を辞退した場合
⑥下記の（1）参照
⑦下記の（2）参照

（1）利用者及びその家族から申し出があった場合

契約期間内であっても、利用者及び家族から退居を申し出ることができます。その場合、退居希望日の7日前までに解約届け出を提出してください。ただし、次のような場合は即時に退居できます。

①介護保険の給付対象外のサービス利用料の変更に同意できない場合
②施設の運営規定の変更に同意できない場合
③利用者が入院した場合
④施設が正当な理由なく本契約に定めるサービスを実施しない場合
⑤施設が守秘義務に違反した場合
⑥故意または過失により利用者の身体・財物・信用等を傷つけたり、著しい不信行為等が施設にあった場合
⑦他の利用者により身体・財物・信用等を傷つけられたとき、もしくは傷つける具体的な恐れがあるにもかかわらず、施設が適切な対応を取らない場合

（2）施設から申し出があった場合

①利用者が契約期間内にその心身の状況及び病歴等の重要な事柄について、故意に告げなかったり、事実と異なることを告知し、その結果本契約を継続しがたい事情を生じさせた場合
②サービス利用料金の支払いが3か月以上遅延し、相当期間を定めた催告にもかかわらず支払われない場合
③利用者が故意又は重大な過失により、施設および職員、もしくは他の利用者の生命・身体・財物・信用等を傷つけ、著しい不信行為を行った場合
④利用者が自傷行為や自殺の恐れが高く施設がこれを防止できない場合
⑤利用者が連続して3か月以上医療機関へ入院すると見込まれる場合、もしくは3か月以上入院した場合
⑥利用者が介護老人保健施設や介護医療院など他の施設に転居した場合

（3）円滑な退居のための援助

　利用者が当施設を退居する場合には、利用者の心身の状況や周辺環境等を勘案し、円滑な退居のために適切な以下の援助を行います。

> ①病院もしくは診療所又は介護老人保健施設等の紹介
> ②居宅介護支援事業者の紹介
> ③その他保健医療サービスまたは福祉サービスの提供者の紹介

（4）残置物引取人

> 　入居契約が終了した後、当施設に残された利用者の所持品（残置物）を利用者自身が引き取れない場合に備え、「残置物引取人」を決めてください。なお、引き渡しにかかる費用については、利用者または残置物引取人に負担いただきます
> ※入居契約時に残置物引取人が決まらない場合であっても入居は可能です

> 「退居」に関連する事柄なので、別項目を立てず、退居の（4）として記載しました

⑬ 苦情・相談の受付

　苦情・相談は下記で受け付けます。苦情対応の仕組みは各階エレベータ前に掲示し、資料を利用者・家族に配布しています。苦情には関係機関との相談も含め、施設が責任と誠意をもって対応します。

（1）施設の窓口

受付方法	面談、電話00-0000-0000 郵送：○○県△△市◇◇町3丁目2番34号
受付時間	9：00～18：00
役職・担当者名	生活相談員　　　赤山　幸男 介護支援専門員　大山　晴美
苦情解決責任者	施設長　中道　護
意見箱	1階、2階、3階の掲示板の横に設置

> 意見箱の設置も明記しました

> 窓口担当者名を複数記載しました

（2）第三者による窓口

第三者委員	日本太郎　　　TEL　00-0000-0000 昭和　清　　　TEL　00-0000-1111 木村一世　　　TEL　00-0000-2222
介護相談員	△△市社会福祉協議会 介護相談担当　TEL　00-0000-3333 受付時間：9：00～17：00（平日）
介護 オンブズマン	介護保険市民オンブズマン機構大阪 TEL　06-6975-5221 受付時間：10：00～17：00（水・土日除く）

> 複数の第三者による
> 窓口も記載しました

（3）公的機関の窓口

△△市 介護保険課	○○県△△市◇◇町○─○─○ TEL　00-0000-0000　　FAX　00-0000-0000 受付時間：9：00～17：00（平日）
○○県 国民健康保険 団体連合会	○○県◇◇市××町1－3－8 TEL　00-0000-0000　　FAX 00-0000-0000 受付時間：9：00～17：00（平日）
○○県 社会福祉協議会 運営適正化委員会	○○県◇◇市××町4－8－30 TEL　00-0000-0000　　FAX 00-0000-0000 受付時間：9：00～17：00（平日）

（4）苦情解決を行うための体制・手順

　問題の詳細を把握するため、関係職員・利用者および家族等から状況を聴き取り、事実関係を確認します。それに基づき連絡・調整・注意・指導等を行い、申出人には対応方法を含め、結果を報告します。後日、苦情内容と対応結果は苦情を申し出た人に配慮したうえで、各階のエレベータ前掲示板に掲示する他、家族懇談会でも報告します

> 苦情内容とその対応をできるだけ
> オープンにし、施設職員と利用者・
> 家族が共有できる体制づくりについ
> ても明記しています

⓭ 重要事項説明書の同意・署名

私は本書面に基づいて、重要事項説明書の内容を説明しました。

2020年　9　月　20　日

　　　氏名（　特別養護老人ホーム　平和苑　　広田　春子　　㊞）

　　　職名（　生活相談員　）

　　私は事前に重要事項説明書を受け取り読んだ後、本書面に基づいて説明を受けました。内容について同意いたします。

　　　利用者氏名（　　前川　トシ子　　㊞）

　　　住所（〒　　-　　　　　　　　　　　　　　　　　）

署名代行者

私は下記の理由により、利用者本人の意思を確認したうえ（もしくは尊重して）、署名を代行しました。

　　　氏名（　　　　　　　　　　　　　㊞）

　　　代行理由　　　　　署名困難なため、意思を尊重して

　　　利用者との関係　　成年後見人、家族（続柄　　　　）、その他（　　　　　）

　　　住所（〒　　-　　　　　　　　　　　　　　　　　）

> 介護保険施設への入居契約や重説の同意・署名は、利用者、すなわちサービスを受ける当事者を法律行為の主体とみなし、施設と利用者間で行うことを前提としています。家族は契約当事者ではないと考えられるため、同意・署名についての利用者と並列の扱いは避けました。身元引受人（P35）も署名欄には挙げていません。意思能力が十分でない利用者の場合、本来は成年後見などの法定代理人が同意・署名することが望ましいと言えます

Chap 3 利用者サイドからの重要事項説明書への要望

20年ほど前のモデル案が今もベースになっているけれど…

Part2 Chap1「重要事項説明書の現状」（P47〜61）で述べたように、O−ネット（P46）では「重説」の現状を知るために、30施設の「重説」を精読し、比較検討を行いました。

独自性のある重説を作成しているところもありますが、利用者サイドからすれば「全般的にどの施設も似たり寄ったり」というのが、正直なところです。

というのも、多くの施設が全国社会福祉施設経営者協議会のモデル案（P10、以下「全社協モデル案」）を踏襲しているからです。全社協モデル案を参考にすることによって、盛り込まれるべき項目等が統一されるため、「比較検討しやすい」というメリットはあります。

しかし、施設によっては「全社協モデル案を踏襲すればそれでよし」と考えているところもあるのか、「重説」作成にあたって十分に考慮したとは思えないような文面

も見受けられます。

❶ 再考が望まれる「重説」の構成・展開

多くの「重説」には、「重説」の記載内容を補足説明するために「付属文書」が全社協モデル案と同じように付けられています。そしてそこには、「ケアプランの流れ」「サービス記録の保存と閲覧の保障」「個人情報の保護」「損害賠償」など、利用者サイドの権利を守るうえで知っておくべき重要な事柄が多く記されています。施設によっては、利用者の権利擁護にも関わる「身体拘束」や「虐待防止」を付属文書で扱っているところもあります。

しかし、位置づけが「付属文書」であれば、利用者サイドとしてはあまり重要視しないのではないでしょうか。

もちろん、『O−ネットモデル案』（P62〜82）で示したように、施設によっては「付属文書」の扱いではなく、「重説」本文に「ケアプランの流れ」などの項目を個別に立てて記載しているところもあります。介護保

険制度の開始から20年となる今、自施設の「重説」の構成・展開を改めて見直してみる必要があるのではないでしょうか。

▶ ❷ 文言の統一・整合性に配慮を

全社協モデル案の一部を自施設で加筆・修正しているためか、文書全体の文言の整合性に欠ける「重説」も少なくありません。

例えば「ご利用」「〜していただきます」といった尊敬語・謙譲語で述べられている箇所がある一方、「〜の措置を講ずる」といった法令用語で表現されている箇所がある「重説」もみられます。また、「利用者」「入所者」「契約者」が文中に入り混じっている「重説」も多々ありました。こうした整合性のなさは、利用者サイドを混乱させたり、読もうとする気力を萎えさせてしまったりすることにつながりかねません。

▶ ❸ 抽象的でわかりにくい文章も

文章自体のわかりにくさも課題です。入院中の居住費（P43〜44）については、詳しく記載されていないため、結局いくらになるのか判断がつかず、この原稿を書く際も何回も行政に確認しました。

また、施設によっては「利用料金」の説明部分に「経済状態の著しい変化その他やむを得ない事由がある場合、入所者の方に対して変更を行う日の1か月前までに文書

で通知することによって、利用料金を変更いたします」との但し書を記しているところも多々ありました。

「経済状態の著しい変化その他やむを得ない事由がある場合」とは、介護報酬改定で利用料金が変わったり、最近の制度改定のように利用者負担割合が1割から2割に変更になったりすることを指すようです。しかし利用者サイドにとってこの表現でわかるのか、首をかしげるところです。

具体的なサービス内容やこだわりがわかるものに

施設の「重説」のなかには、「指定基準に示されている内容でさえあればよい」と考えているところも少なくないように感じられます。「適切なサービス」「適切な措置」といった文言がしばしば出てきますが、具体的な内容が記されていないので非常に抽象的です。

食事・入浴といった介護サービスの内容、身体拘束の防止策など、本書で提案した『O−ネットモデル案』のように、もっと具体的な内容を盛り込み、利用者サイドがイメージしやすい「重説」にしていくことが望まれます。

その他、「重説」を口頭で説明するときは、イラストや写真、大きな活字版、ルビ入りの「重説」などを使用することも場合によっては必要でしょう。

もちろん、書かれている内容が立派でもサービスの中身が伴っていなければ本末転倒ですが、利用者目線で書かれ、「重説」の内容に独自性のあるところは、提供する介護サービスにも温かさとこだわりが感じられるように思います。

施設として今一度考えてほしい、「重説」の意義と位置づけ

施設によって「重説」の取り扱い自体に温度差があるのも事実です。

玄関ロビー等の見やすい位置に「重説」を掲示していたり、インターネットで公表したりしている施設がある一方、「重説をほしい」と伝えたら「これは実際に入居する人に渡すもの。申し込みに際しての検討資料ではない」と拒まれたり、提供はするものの「内部資料なので取り扱いに注意してほしい」と一言付け加えられたり…と、利用者サイドが「重説」を入手するのに抵抗のある施設もみられます。

本書の冒頭でも少し触れたように、施設入居が「契約」である以上、施設にはサービス内容など情報を公開・提供することが求められています。つまり「重説」は介護サービスの「選択」のための貴重な参考資料となるのです。「重説」の意義と位置づけを今一度、施設関係者も認識してほしいと願います。

求められる行政の確認 「身体拘束」に誤った記載も

施設開設時に重説の指導・確認を行う行政にも課題があります。

現状では、提出された重説を確認するものの、必要な項目が盛り込まれている限り、行政としては「記載内容が極めてあいまい」「利用者の不利益になる」「利用料金に誤りがある」などの場合は別として、文言の細かな指導はあまり行われていないのが一般的です。

しかし、Ｏ−ネットが精読した重説や、とある中核市のモデル案の中には、「身体拘束について」という重要な項目において、「やむを得ず拘束する場合」の説明が間違っているものがありました。

緊急やむを得ない場合として拘束が認められるのは、緊急性・非代替性・一時性の３要件をすべて満たし、かつそれらの要件の確認等の手続きが慎重に実施されているケースに限られます。しかし、問題の重説には「一時性」の説明について「生命・身体に危険が及ぶことがなくなった場合は、直ちに身体拘束を解きます」と記されていました。

緊急やむを得ない場合の「一時性」とは、「身体拘束その他の行動制限が一時的なものに限られていること」です。身体拘束禁止の根幹にもかかわる大切なことだけに、モデル案を出したり、各施設の重説を確認したりする行政の責任は重いと言えます。

利用者の権利を守る視点が
ほしい、行政の指導・助言

基本的に入居に関する事柄は「施設」と「利用者」という、あくまでも当事者レベルでのやり取りであるため、「民」と「民」の間の自主性・独自性を尊重することが大前提となっています。

しかし、モノと違ってサービスについての契約は、実際に受けてみないと内容やレベルが分からないものです。加えて、特養の介護を受ける当事者には、心身の機能や意思能力が衰えているというハンディもあります。「選択できる」とはいえ、「施設の情報が簡単には入ってこない」、そして「施設選びは自己責任」という現実は、利用者サイドにとって厳しいものがあります。

さまざまな面で転居が難しい特養での生活だけに、契約書や重説には利用者の権利を守る視点と文言をしっかりと明記するよう、行政から施設に働きかけてほしいものです。

とくに、「知る権利」は入居前だけでなく入居後も必要です。また「要望や意見を言える権利」も不可欠です。そのためにも、

利用者・家族の声を吸い上げるための懇談会の開催と情報の開示、Ｏ－ネットの介護オンブズマンのような定期的な第三者の訪問・聴き取り活動の導入を「必須事項」とし、盛り込んでいくことが望まれます。

重度化する特養だからこそ
「選ぶ目」がより必要に

2015年度以降、特養は入居対象者が原則として「要介護3以上」となり、中重度の人々が暮らす介護施設となりました。認知症の人も8割以上を占め、意思疎通を図るのがとても難しくなっています。食事・入浴・排泄といった三大介助に多大の時間と対応を要するため、介護職員に余裕がなく、何ごとも職員主導で進められがちです。

そうした状況にあるからこそ、利用者サイドには、入居に際して「選ぶ目」を持つことがより重要になってきています。「重説」にもしっかり目を通し、入居後も「利用してよかった」と心から思える施設を選びたいものです。

【参考文献】
●樋口範雄『特別養護老人ホームへの入所契約書の検討──アメリカの類似の契約と比較して』（2014年）
●品田充儀『介護保険契約の法的性格とその規制』（2000年）
●久保田治助・久保田富也『介護保険制度における保険契約と福祉契約──当事者の意思能力』（2005年）
●厚生労働省「身体拘束ゼロ作戦推進会議」『身体拘束ゼロへの手引き』（2001年）
●介護保険市民オンブズマン機構大阪『介護保険市民オンブズマン養成講座TEXTBOOK』（2001年）
●介護保険市民オンブズマン機構大阪『介護オンブズマンがまとめた　これ1冊でわかる特別養護老人ホーム〔改訂版〕』
　クリエイツかもがわ（2020年）

PROFILE

監修／三木　秀夫（みき・ひでお）
　　　弁護士、三木秀夫法律事務所所長

編著／特定非営利活動法人　介護保険市民オンブズマン機構大阪（Ｏ－ネット）
　　　〒537-0025　大阪市東成区中道３－２－34
　　　TEL：06－6975－5221　　FAX：06－6975－5223
　　　URL：https://o-netnpo.site/

執筆／重要事項説明書研究会
　　　秋山陽子、石川恭子、岡田真喜子、小林加代子、杉本温子、坪内尚子、
　　　坂東美子、守美枝子、山本修子／篠﨑敦子、堀川世津子

介護オンブズマンがまとめた
特別養護老人ホームの重要事項説明書

2020年３月31日　初版発行

監修 ● 三木　秀夫
編著 ● 特定非営利活動法人 介護保険市民オンブズマン機構大阪

発行者 ● 田島英二　taji@creates-k.co.jp
発行所 ● 株式会社 クリエイツかもがわ
　　　　〒601-8382　京都市南区吉祥院石原上川原町 21
　　　　電話 075（661）5741　FAX 075（693）6605
　　　　http://www.creates-k.co.jp
　　　　郵便振替　00990-7-150584
印刷所 ● モリモト印刷株式会社
ISBN978-4-86342-286-5 C0036　　printed in japan

老いる前の整理はじめます！ 暮らしと「物」のリアルフォトブック

NPO法人コンシューマーズ京都／監修　西山尚幸・川口啓子・奥谷和隆・横尾将臣／編著

最期は「物」より「ケア」につつまれて―。
自然に増える「物」。人生のどのタイミングで片づけはじめますか？
終活、暮らし、福祉、遺品整理の分野から既存の「整理ブーム」にはない視点で読み解く。リアルな写真満載、明日に役立つフォトブック！
1500円

認知症になってもひとりで暮らせる みんなでつくる「地域包括ケア社会」

社会福祉法人協同福祉会／編

医療から介護へ、施設から在宅への流れが加速する中、これからは在宅（地域）で暮らしていく人が増えていくが、現実には、家族や事業者、ケアマネジャーは要介護者を在宅で最後まで支える確信がないだろう。人、お金、場所、地域、サービス、医療などさまざまな角度から、環境や条件整備への取り組みをひろげる協同福祉会「あすなら苑」（奈良）の実践。
1200円

人間力回復 地域包括ケア時代の「10の基本ケア」と実践100

大國康夫／著（社会福祉法人協同福祉会）

介護とは、人を「介」し、尊厳を「護る」こと。最期まで在宅（地域）で暮らし続けられる仕組みを構築すること。施設に来てもらったときだけ介護をしてればいいという時代はもう終わった！これからの「地域包括ケア」時代における介護のあり方、考え方に迫る。
2200円

あなたの大切な人を寝たきりにさせないための介護の基本
あすなら苑が挑戦する10の基本ケア

社会福祉法人協同福祉会／編

施設内に悪臭・異臭なし。オムツをしている人はゼロ！ 全員が家庭浴に。 開所まもない頃の介護事故を乗り越え、老人たちのニーズをその笑顔で確認してきた「あすなら苑（奈良）」。最後までその人らしく生活できる介護とは―。
1800円

必携！認知症の人にやさしいマンションガイド
多職種連携からみる高齢者の理解とコミュニケーション

一般社団法人日本意思決定支援推進機構／監修

「困りごと」事例から支援や対応のポイントがわかる。居住者の半数は60歳を超え、トラブルも増加しているマンション。認知症の人にもやさしいマンション環境をどう築いていくか。認知症問題の専門家とマンション管理の専門家から管理組合や住民のみなさんに知恵と情報を提供。
1600円

実践！認知症の人にやさしい金融ガイド
多職種連携から高齢者への対応を学ぶ

一般社団法人日本意思決定支援推進機構／監修　成本迅・COLTEMプロジェクト／編著

認知症高齢者の顧客対応を行う金融機関必携！ 多くの金融機関が加盟する「21世紀金融行動原則」から、金融窓口での高齢者対応の困りごと事例の提供を受け、日々高齢者と向き合っている、医療、福祉・介護、法律の専門職が協働で検討を重ねたガイド書。
1600円

これ1冊でわかる 特別養護老人ホーム 改訂版

特定非営利活動法人介護保険市民オンブズマン機構大阪／編著

「告発型ではなく橋渡し役」を基本スタンスにする市民オンブズマンが、
20年の活動の中でまとめた特養利用のガイドブック。
常に介護が必要な人を対象にした特別養護老人ホーム（特養）は、全国で約10,000施設、57万人が暮らす最大の介護施設。施設によって特色や違いはさまざま、入居してから後悔しないために、「最期まで自分らしく暮らす」ために、事前に知識と情報を得る最適の入門書。
1500円